普通高等教育"十三五"规划教材

电子商务支付与安全

胡 娟 主编

北京邮电大学出版社
www.buptpress.com

内 容 简 介

电子商务支付和电子商务安全是电子商务流程中最受关注的两个环节,支付的便捷性和安全性体现着电子商务的效率和优势。

本书以电子商务中的电子支付为重点,介绍了网上银行和第三方支付的相关内容,包括电子商务支付系统的安全技术和安全协议。并围绕着电子商务支付,介绍了与电子商务支付相关的法律法规,梳理了近年来中央银行对第三方支付机构监管的一系列政策。

本书内容丰富,层次清晰,可读性强,既可作为高等院校电子商务、信息系统和信息管理、计算机等专业高年级学生教学用书,也可供从事相关专业工作人员以及对电子商务、电子支付感兴趣的人员作为参考资料。

图书在版编目(CIP)数据

电子商务支付与安全 / 胡娟主编. -- 北京:北京邮电大学出版社,2018.5(2020.6重印)
ISBN 978-7-5635-5441-6

Ⅰ.①电… Ⅱ.①胡… Ⅲ.①电子商务—支付方式—安全技术 Ⅳ.①F713.36

中国版本图书馆 CIP 数据核字(2018)第 075352 号

书　　　名:	电子商务支付与安全
著作责任者:	胡　娟　主编
责 任 编 辑:	陈岚岚　付兆玲
出 版 发 行:	北京邮电大学出版社
社　　　址:	北京市海淀区西土城路 10 号(邮编:100876)
发 行 部:	电话:010-62282185　传真:010-62283578
E-mail:	publish@bupt.edu.cn
经　　　销:	各地新华书店
印　　　刷:	保定市中画美凯印刷有限公司
开　　　本:	787 mm×1 092 mm　1/16
印　　　张:	10.5
字　　　数:	245 千字
版　　　次:	2018 年 5 月第 1 版　2020 年 6 月第 3 次印刷

ISBN 978-7-5635-5441-6　　　　　　　　　　　　　　　　　定　价:32.00 元

· 如有印装质量问题,请与北京邮电大学出版社发行部联系 ·

前　言

　　人类社会只要有分工、有交换，就必然有支付。支付是交易的终点、货币流动的起点，是最底层的、最广泛的经济活动。

　　随着计算机网络技术与通信技术飞速发展，银行适应技术发展，创建了现代支付体系。现代支付体系能够高效、安全地处理银行间的异地、同城各种支付业务及其资金清算和结算，大大加快交易速度，降低交易成本，提高交易安全性。

　　电子商务的快速发展，也使普通大众通过网络进行购物、交易、支付迅速普及。第三方支付机构依托各电商和社交平台，提供比商业银行更低的交易成本、更高的交易效率，并凭借着极强的金融创新能力，满足了中小商户和个人客户的需求，大大促进了电子商务的发展和繁荣。

　　本书紧扣电子商务支付这个范畴，从技术和监管两个角度，全面系统地阐述电子支付相关的概念、电子商务支付系统安全的技术以及央行对创新型第三方支付机构的监管。

　　本书具有以下特色。

　　1. 实用性强。本书网络技术和网络安全部分，突出基本概念和实际应用，通过本书的学习，学生可以提高信息技术应用的能力，在从事电子商务活动中增强信息安全意识。

　　2. 重点突出，与时俱进。本书新增了第三方支付监管内容，重点介绍第三方支付的实名管理、支付账户管理、客户备付金管理。本书引用最新的数据，对最新的法律法规进行解读，引导学生对技术驱动的金融创新产生兴趣。

　　3. 更具可读性。本书将为相关企业、研究机构和监管部门了解第三方支付行业的发展趋势以及解决行业的相关技术和管理等问题提供裨益，并为规避第三方支付行业中的技术风险和管理风险提供有益的借鉴和参考。

　　本书在编写过程中，紧密结合实际，通过对概念剖析和政策法规的解读，加深读者对电子商务支付的理解。本书可作为高等院校电子商务、信息系统和信息管理、计算机等专业高年级学生教学用书，也可供从事相关专业工作人员以及对电子商务、电子支付感兴趣的人员作为参考资料。

　　本书在修订过程中，借鉴和引用了大量同行在电子商务支付和电子商务安全方面的著作、论文及互联网上的资料，已尽可能在参考文献中列出，在此对这些作者表示真诚的感谢。

在本书的编写过程中，谢萌、刘思宇、谭宋佳帮助整理了部分资料，在此表示特别感谢。

由于电子商务支付正处于快速发展过程中，受笔者学识所限，书中难免有不妥之处，敬请同行与读者不吝指正。

目 录

第1章 电子商务支付与安全概述 ... 1
1.1 电子商务 ... 1
1.1.1 电子商务的概念 ... 1
1.1.2 电子商务系统 ... 2
1.2 电子支付 ... 3
1.2.1 电子支付与电子货币 ... 3
1.2.2 非银行类第三方支付 ... 6
1.3 电子商务支付的安全风险 ... 8
1.3.1 电子商务支付面临的风险 ... 8
1.3.2 电子商务支付系统的安全性要求 ... 10
1.3.3 电子商务支付系统的安全保障 ... 12
1.3.4 我国电子商务支付安全的法律保障 ... 15
本章思考题 ... 16

第2章 电子商务中的电子支付 ... 17
2.1 电子商务支付系统 ... 17
2.1.1 电子商务支付系统的出现及电子商务的支付流程 ... 17
2.1.2 电子商务支付系统的基本构成 ... 20
2.1.3 电子商务支付系统的功能和安全要求 ... 22
2.2 网上银行 ... 23
2.2.1 网上银行概述 ... 23
2.2.2 支付网关 ... 25
2.2.3 银行受到的挑战 ... 26
2.3 第三方支付 ... 27
2.3.1 第三方支付的相关概念 ... 27
2.3.2 第三方支付业务及交易流程 ... 29
2.3.3 网上银行支付与第三方支付的区别 ... 31
2.3.4 第三方支付机构的价值创造 ... 32
2.4 支付账户管理系统 ... 34

        2.4.1 支付账户管理 ……………………………………………………… 35
        2.4.2 账户管理相关业务流程 ……………………………………………… 36
   2.5 第三方支付账户的分类 …………………………………………………… 38
        2.5.1 第三方支付平台的账户体系的发展 …………………………………… 38
        2.5.2 第三方支付的个人支付账户的分类 …………………………………… 39
        2.5.3 支付账户与银行账户有何不同 ………………………………………… 40
   本章思考题 ……………………………………………………………………… 41

第3章 电子商务支付系统的安全技术 ………………………………………… 42
   3.1 信息加密技术 ……………………………………………………………… 42
        3.1.1 加密与解密 …………………………………………………………… 42
        3.1.2 对称密码体制 ………………………………………………………… 43
        3.1.3 非对称密码体制 ……………………………………………………… 47
   3.2 网络传输安全技术 ………………………………………………………… 51
        3.2.1 数据传输加密 ………………………………………………………… 51
        3.2.2 数字信封 ……………………………………………………………… 52
        3.2.3 数字签名技术 ………………………………………………………… 54
   3.3 认证技术 …………………………………………………………………… 57
        3.3.1 身份认证技术概述 …………………………………………………… 57
        3.3.2 认证中心 ……………………………………………………………… 59
        3.3.3 数字证书 ……………………………………………………………… 61
        3.3.4 公钥基础设施 ………………………………………………………… 63
   3.4 数据库安全概述 …………………………………………………………… 64
        3.4.1 数据库安全的重要性 ………………………………………………… 64
        3.4.2 数据库安全的含义 …………………………………………………… 65
        3.4.3 数据库的安全特性 …………………………………………………… 65
        3.4.4 数据库的安全防护 …………………………………………………… 66
   本章思考题 ……………………………………………………………………… 72

第4章 电子商务支付系统的网络安全 ………………………………………… 73
   4.1 网络安全基础 ……………………………………………………………… 73
        4.1.1 网络安全现状 ………………………………………………………… 73
        4.1.2 网络安全概念 ………………………………………………………… 73
   4.2 网络攻击技术 ……………………………………………………………… 77
        4.2.1 网络安全信息收集 …………………………………………………… 77
        4.2.2 口令攻击 ……………………………………………………………… 79
        4.2.3 拒绝服务攻击 ………………………………………………………… 80
        4.2.4 缓冲区溢出攻击 ……………………………………………………… 81

4.3 防火墙技术 ………………………………………………………… 82
　4.3.1 防火墙的概念 ………………………………………………… 82
　4.3.2 防火墙的功能 ………………………………………………… 82
　4.3.3 防火墙的分类 ………………………………………………… 83
　4.3.4 防火墙的主要技术 …………………………………………… 84
　4.3.5 防火墙的体系结构 …………………………………………… 88
4.4 入侵检测技术 ……………………………………………………… 90
　4.4.1 系统结构 ……………………………………………………… 90
　4.4.2 分析检测方法 ………………………………………………… 91
　4.4.3 入侵响应 ……………………………………………………… 92
4.5 安全审计与应急响应技术 ………………………………………… 93
　4.5.1 安全审计 ……………………………………………………… 93
　4.5.2 事件分析与追踪 ……………………………………………… 95
　4.5.3 网络安全应急响应 …………………………………………… 97
4.6 恶意代码检测与防范技术 ………………………………………… 98
　4.6.1 常见的恶意代码 ……………………………………………… 98
　4.6.2 恶意代码机理 ………………………………………………… 100
　4.6.3 恶意代码分析与检测 ………………………………………… 103
　4.6.4 恶意代码清除与预防 ………………………………………… 105
　本章思考题 …………………………………………………………… 106

第5章 电子支付安全协议 …………………………………………… 107

5.1 安全协议概述 ……………………………………………………… 107
　5.1.1 TCP/IP 安全性分析 ………………………………………… 107
　5.1.2 TCP/IP 安全体系结构和安全协议 ………………………… 108
5.2 安全套接层协议 SSL ……………………………………………… 110
　5.2.1 SSL 协议概述 ………………………………………………… 110
　5.2.2 SSL 协议的分层结构 ………………………………………… 111
　5.2.3 SSL 协议安全性分析 ………………………………………… 113
5.3 SET 协议 …………………………………………………………… 114
　5.3.1 SET 协议概述 ………………………………………………… 114
　5.3.2 SET 交易的参与方 …………………………………………… 116
　5.3.3 SET 的交易流程 ……………………………………………… 118
　5.3.4 SET 协议安全性分析 ………………………………………… 122
5.4 SSL 与 SET 的比较 ………………………………………………… 123
　5.4.1 SSL 与 SET 的功能比较 ……………………………………… 123
　5.4.2 SSL 和 SET 的性能比较 ……………………………………… 124
　本章思考题 …………………………………………………………… 125

第6章 中央银行对支付机构的监管 … 126

6.1 第三方支付机构监管体系 … 126
6.1.1 第三方支付机构的法律地位 … 126
6.1.2 支付业务许可证的申请流程 … 126
6.1.3 第三方支付企业获取技术安全检测认证证书 … 128

6.2 支付机构的监管与管理 … 134
6.2.1 监管机构 … 134
6.2.2 监管网络 … 134

6.3 第三方支付的客户备付金管理 … 136
6.3.1 客户备付金与备付金银行 … 136
6.3.2 备付金银行账户 … 137
6.3.3 备付金的使用方式 … 138

本章思考题 … 139

第7章 电子商务支付的法律保障 … 140

7.1 电子商务买卖双方的权利义务及网络交易中心的法律地位 … 140
7.1.1 电子商务交易中买卖双方当事人的权利和义务 … 140
7.1.2 网络交易中心的法律地位 … 141

7.2 第三方支付合同及支付中的民事法律关系 … 142
7.2.1 第三方支付合同 … 142
7.2.2 第三方支付中的民事法律关系 … 143

7.3 电子商务消费者信息隐私安全 … 145
7.3.1 隐私权及信息隐私权 … 145
7.3.2 现有的法律、法规对信息隐私权的保护 … 147

7.4 电子商务支付前后消费者权益保护存在的相关问题 … 153

本章思考题 … 156

参考文献 … 157

第1章 电子商务支付与安全概述

1.1 电子商务

1.1.1 电子商务的概念

电子商务(electronic commerce)源于英文,简写为EC。近几十年来,商业领域中使用了多种电子通信工具来完成各种交易活动。各国政府、学者、企业界人士都根据自己所处的地位和对电子商务参与程度,给出了许多表述不同的定义。综合这些定义,可以这样说,从宏观上讲,电子商务包括电子货币交换、供应链管理、电子交易市场、网络营销、在线事务处理、电子数据交换(EDI)、存货管理和自动数据收集系统,涉及金融、税务、物流、教育等社会的其他层面。从微观上看,电子商务是指各种具有商业活动能力的实体(生产企业、商贸企业、金融机构、政府机构、个人消费者等)利用网络和先进的数字化传媒技术进行的各项商业贸易活动。

对于电子商务,无论是广义还是狭义的定义,它们应当具有比较一致的内涵。

① 电子商务的本质是"商务",是在"电子"基础上的商务。"商务"解决做什么,"电子"解决怎么做。

② 电子商务的前提是商务信息化。计算机应用和信息化建设是其基础。

③ 电子商务的核心是人。电子商务是一个社会系统,它的中心必然是人。电子商务的出发点和归宿是商务,商务的中心是人或人群。电子工具的系统化应用也只能靠人。电子商务涉及的人员目前可以分为三类:第一类是技术人员,他们主要负责电子商务系统的设计、实现和技术支持;第二类是商务人员,他们主要负责各种商务活动具体业务的处理;第三类是中高级管理人员,他们的职责是电子商务战略规划、业务流程管理、安全管理等。

④ 电子商务是传统商务的电子渠道。从本质上来说,电子商务并没有脱离传统商务的业务流程,而是将传统商务赖以生存的实物市场交易移到了虚拟的网络空间,商品推广、品牌营销、支付、物流等商务活动均可以通过网络中完成,并有了新的特点。

1.1.2 电子商务系统

电子商务系统是保证以电子商务为基础的网上交易实现的体系,它是一个相当复杂和庞大的系统。该系统整体上可以分为 4 个层次和两个支柱,如图 1.1 所示。自下向上,从最基础的技术层到电子应用层依次为:网络层、传输层、服务层、电子商务应用层;两个支柱分别是政策法规和技术标准。4 个层次依次代表电子商务顺利实施的各级技术及应用层次,而两边的支柱则是电子商务顺利应用的坚实基础。

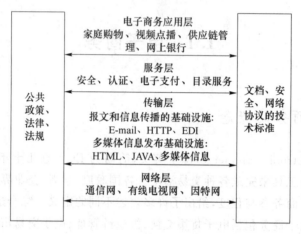

图 1.1 电子商务系统

（1）网络层

网络基础平台是电子商务的硬件基础设施,是信息传达的载体和用户接入的手段。它包括各种各样的物理传送平台和传送方式。如远程通信(telecom munication)网、有线电视(cable television)网、无线通信(wireless)网和互联网(internet)。远程通信包括电话、电报,无线通信网包括移动通信和卫星网,互联网是计算机网络。

这些不同的网络都提供了电子商务信息传输线路,但是,当前大部分的电子商务应用还是基础互联网。互联网包括的主要硬件有:基于计算机的电话设备、集线器(Hub)、数字交换机(Switch)、路由器(Router)、调制解调器(Modem)、有线电视的机顶盒(Set-Top Box)、电缆调制解调器(Cable Modem)。

经营计算机网络服务的是 Internet 网络接入服务供应商(IAP)和内容服务供应商(ICP),他们统称为网络服务供应商(ISP)。IAP 只向用户提供拨号入网服务,它的规模一般较小,向用户提供的服务有限,一般没有自己的骨干网络和信息源,用户仅将其作为一个联网的接入点看待。ICP 能为用户提供全方位的服务,可以提供专线、拨号上网,提供各类信息服务和培训等,拥有自己的特色信息源,它是 ISP 今后发展的主要方向,也是发展电子商务的重要力量。

（2）传输层

通信线路上传输的信息多数是多媒体信息,它是文本、声音、图像的综合。最常用的信息发布应用就是 WWW,用 HTML 或 JAVA 将多媒体内容发布在 Web 服务器上,然后通过传输协议,如 HTTP,将发布的信息传送到接收者。

(3) 服务层

服务层实现标准的网上商务活动服务,以方便交易,如标准的商品目录/价目表建立、电子支付工具的开发、保证商业信息安全传送的方法、认证买卖双方的合法性方法。

(4) 电子商务应用层

电子商务应用层是客户直接使用的各种电子商务应用系统、商务平台或网站。

(5) 电子商务公关政策和法律法规

公共政策是指围绕电子商务税收制度、信息定价、信息访问收费、信息传输成本、隐私问题等,需要政府制定的政策。

法律和法规维系着商务活动的正常运作,违规活动必须受到法律制裁。网上商务活动有其独特性,制定法律要充分考虑前瞻性、地区差异性,法规制定的成功与否,直接关系到电子商务活动能否顺利开展。

(6) 技术标准

技术标准定义了用户接口、传输协议、信息发布标准等技术细节。就整个网络环境来说,标准对于保证兼容性和通用性是十分重要的。许多厂商和机构都意识到标准的重要性,正致力于联合起来开发统一标准,如 VISA、MasterCard 这样的国际组织已经同业界合作制定出用于电子商务安全支付的 SET 协议,还有用来设计各种可扩展的标注语言的标准 XML,这些协议和标准非常重要。

1.2 电子支付

1.2.1 电子支付与电子货币

1. 电子支付的概念和特征

电子支付是指消费者、商家和金融机构之间,使用电子手段把支付信息通过信息网络安全地传送到银行或相应的处理机构,用来实现货币支付或资金流转的行为。

与传统的支付方式相比,电子支付具有以下特征。

① 电子支付采用先进的技术通过数字流转完成信息传输,并采用数字化的方式进行款项支付;而传统的支付方式则是通过现金的流转、票据的转让以及银行的汇兑等物理实体的流转来完成款项支付。

② 电子支付的工作环境基于一个开放的系统平台(如 Internet);而传统的支付则是在较为封闭的系统中运作。

③ 电子支付使用最先进的通信手段,对软硬件设施的要求很高,一般要有联网的计算机、相关的软件及配套设施;而传统的支付使用传统的通信媒介,没有太高的软硬件设施要求。

④ 电子支付具有方便、快捷、高效、经济的优势。用户只要拥有一台联网的个人计算机，便可足不出户，在很短的时间内完成整个支付过程。支付费用仅相当于传统支付的几十分之一，甚至几百分之一。

电子支付可以通过3种形式实现：一是对银行账户的贷记/借记（电子转账等）；二是通过卡片或终端设备（如计算机或手机）进行支付（卡基支付工具）；三是对某个网站上电子账户的贷记/借记（虚拟货币）。

2. 电子货币概述

(1) 电子货币的概念

电子货币（electronic money）的概念是伴随着计算机技术、微电路集成技术以及多用途预付卡而产生的。近年来，互联网以及电子商务的发展更加促进并拓宽了电子货币的应用。

电子货币既有一般意义上的货币含义，又不同于一般的货币。电子货币，是指用一定金额的现金或存款从发行者处兑换并获得代表相同金额的数据或者通过银行及第三方推出的快捷支付服务，使用某些电子化途径将银行中的余额转移，从而能够进行交易。严格意义上说是消费者使用银行的网络银行服务向电子货币的发行者进行储值和快捷支付，通过媒介（二维码或硬件设备），以电子形式使消费者进行交易的货币。

电子货币通过电子手段储存货币币值，可以不必通过银行账户，在使用后由发行者进行最后的支付。通常具有"储值（stored value）"和"预付（prepaid）"的特性。

(2) 电子货币的类型

目前，我国流行的电子货币主要有4种类型。

① 储值卡型电子货币。一般以磁卡或IC卡形式出现，其发行主体除了商业银行之外，还有电信部门（普通电话卡、IC电话卡）、IC企业（上网卡）、商业零售企业（各类消费卡）、政府机关（内部消费IC卡）和学校（校园IC卡）等。发行主体在预收客户资金后，发行等值储值卡，使储值卡成为独立于银行存款之外新的"存款账户"。同时，储值卡在客户消费时以扣减方式支付费用，也就相当于存款账户支付货币。储值卡中的存款目前尚未在中央银行征存准备金之列，因此，储值卡可使现金和活期储蓄需求减少。

② 信用卡应用型电子货币。指商业银行、信用卡公司等发行主体发行的贷记卡或准贷记卡。可在发行主体规定的信用额度内贷款消费，之后于规定时间还款。信用卡的普及使用可扩大消费信贷，影响货币供给量。

③ 存款利用型电子货币。主要有借记卡、电子支票等，用于对银行存款以电子化方式支取现金、转账结算、划拨资金。该类电子化支付方法的普及使用能减少消费者往返于银行的费用，致使现金需求余额减少，并可加快货币的流通速度。

④ 现金模拟型电子货币。主要有两种：一种是基于Internet网络环境使用的，且将代表货币价值的二进制数据保管在微机终端硬盘内的电子现金；另一种是将货币价值保存在IC卡内并可脱离银行支付系统流通的电子钱包。现金模拟型电子货币具备现金的匿名性，可用于个人间支付、并可多次转手等特性，是以代替实体现金为目的而开发的。该类电子货币的扩大使用，能影响到通货的发行机制，减少中央银行的铸币税收入，缩减中央银行的资产负债规模等。

(3) 电子货币的作用

① 提高资金运营的效率。传统的结算依靠的是银行与客户面对面的人工处理,借助于邮政、电信部门的委托传递来进行,因而存在在途资金占压大、资金周转慢等问题。通过电子货币,采用先进的数字签名安全防护技术,使客户不必出门,无须开支票,便能通过网络迅速完成款项支付及资金调拨,简化了现行使用传统货币的复杂程序,并且其使用和结算不受时间、地点的限制。由此,电子货币有效地缩短了支付指令传递时间,减少在途资金占压,显著地提高了资金运行的效率。同时,电子货币还免除了货币印制、存储、运输、安全保卫、点钞等方面巨额的费用支出和劳动资源浪费,而且具有可任意分割、无面额约束、不同币种之间的容易兑换等诸多优越性。

② 促进电子商务的发展。电子货币具有传递和转移上的优势。使用电子货币可在 Internet 上完成结算,对商家而言,瞬间能低成本地收回资金,因而可放心地给顾客发送商品;对顾客而言,免除了烦琐的支付手续,可轻松购物,由此必将有效地拓展市场交易机会。事实上,电子货币的应用和发展使网络上现货、现金交易成为可能,特别是对于信息、软件等商品的销售,此类商品的销售商在收取电子货币的瞬间,通过微机终端直接授信,即可将信息、软件商品从 Internet 上传递给顾客。用于商品流通过程的成本将大幅下降,为降低信息、软件等商品的价格创造了条件,这就必然促进社会需求的扩大。再者,电子货币在网络上的流通也将极大地延伸市场交易的时间和空间,拓展电子商务活动的交易边界。

③ 加快世界经济一体化的进程。电子货币以电子计算机技术为依托进行储存和流通,无须实体交换,所以这种货币形式的使用有效地突破了经济贸易的时空限制,资金流、信息流的传递变得十分迅速、高效,时空距离不再是现实世界的障碍。电子货币与网络技术的结合,使经济贸易活动在时间、空间概念上发生了根本的变化,使跨国交易变得非常简单。另外,电子货币及网络金融的发展,加速了资本的国际流动与全球性资本的形成,促进了全球金融市场的发展。显然,电子货币的发展为经济行为的国际化提供了便利,增强了世界经济的联系,加快了经济市场的全球一体化进程。

(4) 电子支付与现金支付的区别

为了更清楚地了解电子支付与现金支付流通方式的不同,下面以一个消费者分别以现金方式和电子支付方式到商场消费所发生的情况为例加以说明。

消费者用现金购物,首先必须从银行存款账户上提取现金,然后持现金到商场购物,购物时支付现金,商场收到现金,当天营业终了,商场将现金存入银行,形成自己的存款,如图 1.2 所示。

消费者用电子支付工具支付,一般要在银行开立存款账户,并申领电子支付工具(如电子钱包)。如果持电子钱包到商场购物,付款时通过刷卡,资金就由消费者的存款账户转至商场的存款账户,消费者与商场之间并未发生直接资金转移,如图 1.3 所示。

可以看出,用现金支付与用电子支付之间的最大差别如下。

① 资金运动轨迹不同。用现金支付,资金需要脱离银行;而用电子支付,资金并不脱离银行。

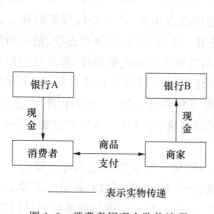
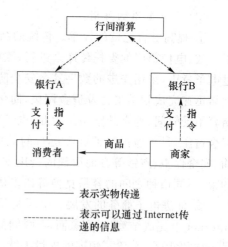

图1.2　消费者用现金购物流程　　　　图1.3　消费者用电子钱包购物流程

② 银行与商场的记账程序不同。用现金支付,银行需先付(客户提取存款)后收(商场送现金存入);商场要先收现金,后送存银行。而用电子支付,商场无须收入现金就可直接与银行清算。

③ 清算方式不同。用现金支付,一手交钱一手交货,消费者与商场之间的资金转移并不需要通过银行进行清算;用电子支付,消费者与商场之间的资金转移需通过银行进行清算。

④ 安全程度不同。当接受现金支付时,商场必须小心以免误收伪币,同时,对于现金的保管要付出一定的费用。而使用电子支付,对于系统的安全性考虑与控制更多由银行承担。

1.2.2　非银行类第三方支付

支付是电子商务的重要组成部分,信息流、资金流和物流是电子商务的三大环节,其中资金流(即支付)处于核心地位。电子商务的快速发展要求支付的同步发展,因此,支付是电子商务发展的关键环节,也是其能够快速发展的基础。

电子商务极大地推动了电子支付的发展,在追求效率和便利的电子商务环境下,如果依赖传统的支付方式,如现金、银行汇票、票据等,付款及清偿的流程将成为电子商务交易的瓶颈。例如,各种票据支付的方式普遍速度过慢,货到付款存在延迟与不确定性,银行卡支付不够方便且存在泄露卡信息的风险。此外,互联网上许多交易都是小额交易,使用传统的支付方式处理成本太高。可以看出,电子商务发展的需求直接导致了互联网在线支付(如网银支付、手机支付、第三方支付)的兴起和高速发展。(图1.4和图1.5的数据来自艾瑞咨询公司的调查。)

随着市场的发展,各国先后对第三方支付机构进行了定义。美国1999年颁布的《金融服务现代化法案》将第三方支付机构界定为非银行金融机构,将第三方支付视为货币转移业务,本质上是传统货币服务的延伸。欧盟1998年颁布的《电子货币指令》规定第三方

注释：1.互联网支付是指客户通过桌式计算机、便携式计算机等设备，依托互联网发起支付指令，实现货币资金转移的行为；2.统计企业中不含银行、银联，仅指规模以上非金融机构支付企业；3.艾瑞根据最新掌握的市场情况，对历史数据进行修正。
来源：综合企业及专家访谈，根据艾瑞统计模型核算。

图 1.4　2011—2019 年中国第三方互联网支付交易规模

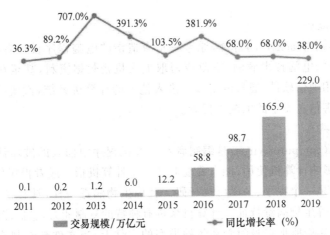

注释：1.互联网支付是指客户通过桌式计算机、便携式计算机等设备，依托互联网发起支付指令，实现货币资金转移的行为；2.统计企业中不含银行、银联，仅指规模以上非金融机构支付企业；3.艾瑞根据最新掌握的市场情况，对历史数据进行修正。
来源：综合企业及专家访谈，根据艾瑞统计模型核算。

图 1.5　2011—2019 年中国第三方移动支付交易规模

支付的媒介只能是商业银行货币或电子货币，将类似 PayPal 的第三方支付机构视为电子货币发行机构；2005 年颁布的《支付服务指令》规定第三方支付机构为"由付款人同意，借由任何电信、数码或者通信设备，将交易款项交付电信、数码或网络运营商，并作为收款人和付款人的中间交易人"。中国人民银行 2010 年颁布的《非金融机构支付服务管理办法》将非金融机构支付服务定义为，在收付款人之间作为中介机构提供下列部分或全部货币资金转移服务：互联网支付、预付卡的发行与受理，银行卡收单。

第三方支付机构通常可在用户之间提供银行卡收单、互联网支付、移动支付、预付卡支付、电话支付、数字电视支付等多种形式的支付服务。

值得注意的是,尽管电子商务促进了电子支付的快速发展,但电子支付与电子商务支付方式之间存在着一些范围上的区别。从电子支付的概念来看,它包括自助银行支付、网银支付、电话银行支付、POS收单、第三方互联网支付、移动支付等。而电子商务支付则更为强调依托互联网的在线支付,如网银支付、第三方互联网支付、移动支付等。

1.3 电子商务支付的安全风险

1.3.1 电子商务支付面临的风险

1. 电子商务支付系统面临的安全威胁

以 Internet 技术为基础的电子商务,每天需要进行千百万次的交易。Internet 本身是一个高度开放性的网络,因此基于 Internet 的电子商务在安全上会受到威胁,主要表现在以下方面。

(1)黑客的威胁

"黑客"是英语"Hacker"的音译,原意是指有造诣的电脑程序设计者,现在则专指那些利用自己掌握的电脑技术偷阅、篡改或窃取他人机密数据资料,甚至在网络上犯罪的人,或者是指利用通信软件,通过网络非法进入他人的计算机系统,截获或篡改他人计算机中的数据,危害信息安全的电脑入侵者。

(2)计算机病毒

计算机病毒(computer virus)是编制者在计算机程序中插入的破坏计算机功能或者数据的代码,能影响计算机使用,能自我复制的一组计算机指令或者程序代码。

计算机病毒是一个程序、一段可执行码。就像生物病毒一样,具有自我繁殖、互相传染以及激活再生等生物病毒特征。计算机病毒有独特的复制能力,它们能够快速蔓延,又常常难以根除。它们能把自身附着在各种类型的文件上,当文件被复制或从一个用户传送到另一个用户时,它们就随同文件一起蔓延开来。

计算机病毒具有传播性、隐蔽性、感染性、潜伏性、可激发性、表现性或破坏性。

(3)软件设计的"漏洞"或"后门"产生的安全问题

随着软件系统规模的不断扩大,新的软件产品开发出来,系统中的安全漏洞或"后门"也不可避免地存在,比如我们常用的操作系统,无论是 Windows 还是 UNIX 几乎都存在或多或少的安全漏洞,众多的各类服务器、浏览器、一些桌面软件等都被发现过存在安全隐患。大家熟悉的一些病毒都是利用微软系统的漏洞给用户造成巨大损失,可以说任何一个软件系统都可能会因为程序员的一个疏忽、设计中的一个缺陷等原因而存在漏洞,不可能完美无缺。

(4)恶意网站设置的陷阱

互联网世界的各类网站,有些网站恶意编制一些盗取他人信息的软件,并且可能隐藏在下载的信息中,只要登录或者下载网络的信息就会被其控制和感染病毒,计算机中的所有信息都会被自动盗走,该软件会长期存在被感染的计算机中,操作者并不知情,如现在非常流行的"木马"病毒。因此,浏览互联网应格外注意,不良网站和不安全网站不要登录,否则后果不堪设想。

（5）用户网络内部工作人员的不良行为引起的安全问题

网络内部用户的误操作、资源滥用和恶意行为也有可能对网络的安全造成巨大的威胁。各行业、各单位现在都在建局域网,计算机使用频繁,但是由于单位管理制度不严,某些内部员工不能严格遵守行业内部关于信息安全的相关规定,很容易引起一系列安全问题。

2. 电子商务支付机构的法律风险

（1）巨额沉淀资金风险

支付机构实际收到的预收待付资金称为客户备付金；许多买家为了网购方便,常常保留金额大小不等的资金在自己的支付账户里面,这些资金称为账户余额；客户备付金和账户余额共同组成了沉淀资金。由于预收待付的时间差、平台巨大的交易规模,使得沉淀资金规模巨大。

目前涉及沉淀资金监管的主要管理办法有《非金融机构支付服务管理办法》《支付机构客户备付金存管办法》,设计的框架是沉淀资金由第三方支付平台预收待付、存放于商业银行专用存款账户中由商业银行监督,二者共同负责资金安全,共同承担可能的风险和责任。人民银行作为行业主管部门,负责对第三方支付行业的行政管理工作,也包括对沉淀资金及其安全进行管理。

有研究者将沉淀资金面临的主要风险总结为技术风险、道德风险、信用风险和法律风险。

（2）洗钱风险

由于现有的主流第三方支付企业主要都是大型电子商务网站或电子商务平台,仅仅承担支付媒介的功能,对交易的真实性无法核实。犯罪分子利用这一特点,很容易虚构交易进行洗钱,即通过虚构电子交易在全球各地转移非法获利,因而第三方支付极易成为洗钱违法犯罪行为的隐匿场所。

（3）信用卡套现风险

信用卡套现是指信用卡持卡人不通过正常手续将信用卡中的授信额度全部或部分直接转换成现金的行为。信用卡套现是我国经济活动常见的违法犯罪现象。

传统的信用卡套现主要是通过POS机刷卡实现,也有通过购买机票、基金等商品或者服务,再申请退货取得现金退款。第三方支付的兴盛为信用卡套现提供了新路径,虽然手段层出不穷,但基本模式都是利用信用卡付款到第三方支付平台账户,然后提现至借记卡中。信用卡付款的前提是电子商务交易,监控打击信用卡套现,就需要与电子商务网站合作,核实审查交易的真实性。

此外,第三方支付平台还需要公安、工商等行政部门的配合,才具备审核信用卡所有者、账户注册人信息的真实性的权力。赋权第三方支付企业查询审核自然人个人信息、法人等主体工商登记信息,要注意与保护隐私权、个人信息权、商业秘密权的平衡。毕竟第三方支付企业不同于作为公共服务机构的行政机关,其行为需要基于特定目的而予以特别授权。

(4) 消费者权益保护风险

现行的《消费者权益保护法》规定了9项消费者权利,即人身财产安全权、知悉真情权、自主选择权、公平交易权、依法求偿权、建立消费者组织权、获得知识权、受尊重权和监督批评权。从目前第三方支付行业发展来看,容易受到侵害的是财产安全权、知情权、求偿权以及作为新兴权利的个人信息权。

目前全社会已经形成共识:在第三方支付活动中,账户注册及资金支付中涉及消费者各项个人信息,妥善保管、定期持有、合理使用这些信息以确保这些信息不被不正当利用,是第三方支付平台的重要义务。国家工商总局颁行的《网络商品交易及有关服务行为管理暂行办法》中要求网络交易平台服务经营者应采取措施确保消费者个人信息数据资料的安全。未经消费者同意,不得擅自对外公布消费者名单、交易记录等个人信息。

个人信息权保护对象是个人信息,所有基于支付活动中产生的信息都属于个人信息的范畴,既包括个人基本信息,也包括支付交易中产生的信息,姓名、性别、年龄、所在地区、地址、电子邮箱、身份证号码、登录密码、支付密码,在支付过程中,每次支付额度、支付对象、支付时间等。

工商总局2010年7月1日实施的《网络商品交易及有关服务行为管理暂行办法》第16条规定,网络服务经营者必须对消费者信息承担安全保管、合理使用、限期持有和妥善销毁义务;同时禁止公开、出租、出售个人信息。2012年12月28日全国人大常委会做出的《关于加强网络信息保护的决定》明文禁止包括第三方支付企业在内的网络服务提供者在业务活动中收集的公民个人电子信息必须严格保密,不得泄露、篡改、毁损,不得出售或者非法向他人提供。应当采取技术措施和其他必要措施,确保信息安全,防止在业务活动中收集的公民个人电子信息泄露、毁损、丢失。

1.3.2 电子商务支付系统的安全性要求

电子商务发展的核心是交易的安全性,由于Internet本身的开放性,使网上交易面临着种种危险,由此提出了相应的安全控制要求。电子商务安全的基本要求主要包括:保密性、完整性、不可否认性、身份可鉴别性、交易信息的有效性和支付信息的匿名性。

(1) 交易信息的保密性

交易信息的保密性是指保证信息为授权者享用而不泄露给未经授权者。在电子商务系统中,交易发生、传递的信息均有保密的要求,如注册用户的密码、银行卡的账号及密码。因此,在电子商务交易过程中,一般采用密码技术对传输的信息进行加密处理来实现。

(2) 交易信息的完整性

交易信息的完整性包括信息传输和存储两个方面的含义,在存储时要防止被非法篡改和破坏,在传输过程中要求接收端收到的信息与发送方发送的信息完全一致。信息在传输过程中的加密,只能保证第三方看不到信息的真正内容,但并不能保证信息不被修改或保持完整。要保证数据的完整性,技术上可以采用信息摘要的方法或者采用数字签名的方法。还可以采用强有力的访问控制技术,防止对系统中数据的非法删除、更改、复制和破坏,此外,还应防止意外损坏和丢失。任何对系统信息应有特性或状态的中断、窃取、篡改和伪造都是破坏信息完整性的行为。其中,中断是指在某一段时间内因系统的软件、硬件故障或恶意破坏删除造成系统信息的受损、丢失或不可利用;窃取是指系统的信息被未经授权的访问者非法获取,造成信息不应有的泄露,使信息的价值受到损失或者失去存在的意义;篡改是指故意更改正确的数据,破坏了数据的真实性状态;伪造是恶意的未经授权者故意在系统信息中添加假信息,造成真假信息难辨,破坏了信息的可信性。

(3) 交易信息的不可否认性

交易信息的不可否认性是指信息的发送方不能否认已经发送的信息,接收方不能否认已经收到的信息。在电子商务的交易过程中,商情是千变万化的,但交易达成后不能随意更改和否认,否则,必然会损害一方的利益。因此,电子交易通信过程中各个环节都必须是不可否认的。要达到不可否认的目的,可以采用数字签名和数字时间戳等技术。

数字签名是密钥加密和数字摘要相结合的技术,用于保证信息的完整性和不可否认性。由于发送者的私钥是自己严密管理的,他人无法仿冒,同时发送者也不能否认用自己的私钥加密发送的信息,所以数字签名解决了信息的完整性和不可否认性的问题。

数字时间戳是由专门机构提供的电子商务安全服务项目,用于证明信息的发送时间。数字时间戳是一个经加密后形成的凭证文档,包括三个部分:时间戳的文件摘要、DTS机构收到文件的日期和时间、DTS机构的数字签名。

(4) 交易者身份的可鉴别性

交易者身份的可鉴别性是指交易双方是确实存在的,不是假冒的。网上交易的双方可能相隔很远并且互不了解,要使交易成功,除了互相信任以外,确认对方的真实、合法性是很重要的。对商家而言要考虑客户不是骗子,对客户而言要考虑商店不是黑店且有信誉。因此能方便而可靠地确认对方身份是交易的前提。

(5) 交易信息的有效性

交易信息的有效性直接关系到个人、企业或国家的经济利益和声誉,要求对网络故障、操作错误、应用程序错误、硬件故障、系统软件错误及计算机病毒所产生的潜在威胁加以控制和预防,以保证交易数据在确定的时刻、确定的地点是有效的。

(6) 支付信息的匿名性

支付信息的匿名性要求除了公正的第三方,没有人能够根据支付信息来跟踪并且识别用户的身份。匿名性就是保护个人隐私不受侵害。包括3个方面:不可观察性、不可追踪性和无关联性。

① 不可观察性:外人不能获取交易的有用信息。这里的外人包括电子支付系统中与该交易无关的其他参与者和系统之外的攻击者。当交易在网上进行并且参与交易者的身份需相互交换的情况下,非常有必要满足不可观察性。

② 不可追踪性:要求支付者在取款时传给发行银行的数据与用该电子支付手段进行支付时提交给商家的数据无关联,通常要求他们统计独立。因此即使电子支付系统中其他参与者合谋,也不能得到支付者的身份。

③ 无关联性：要求任何人不能将支付者在支付交易中提交给商家的信息关联起来。某支付者进行了两次支付交易，任何人都不知道这两次交易是来自同一个支付者。

1.3.3 电子商务支付系统的安全保障

1. 功能安全

功能安全是支付系统具有正常的全部功能，并能阻止非法操作，它是全部安全的一部分。

① 功能需求

支付系统应实现对商户资质的审核、商户信息的维护、密钥的管理、交易处理、资金结算、对账处理、差错处理、统计报表等功能。支付系统应具有黑名单检查和管理功能，退款应退回原扣款账户。

② 风险控制

支付机构应完善风险控制制度，明确定义各项风险处理事件的处理规则。对触发风险控制规则的风险事件，支付系统应能够识别、记录或拦截，并定期分析生成风控报表。

③ 高峰时段性能需求

在支付高峰时段，支付系统应保证并发成功率100%，CPU平均利用率不高于80%，交易成功率不低于99%。

2. 物理安全

物理安全也称实体安全，是指包括环境、设备和记录介质在内的所有支持信息系统运行的硬件的总体安全，是信息系统安全、可靠、不间断运行的基本保证。物理安全保护计算机设备、设施（网络及通信线路）免遭地震、水灾、火灾、有害气体和其他环境事故（如电磁污染等）破坏的措施和过程，主要考虑的问题是环境、场地和设备的安全及实体访问控制和应急处置计划等。

① 环境安全

环境安全是对系统所在环境的安全保护，如区域保护和灾难保护等。计算机网络通信系统的运行环境应按照国家有关标准设计实施，应具备消防报警、安全照明、不间断供电、温湿度控制系统和防盗报警等，以免受水、火、有害气体、地震、静电等的危害。

② 电源系统安全

电源在信息系统中占有重要地位，主要包括电力能源供应、输电线路安全、保持电源的稳定性等。

③ 设备安全

设备安全要保证硬件设备随时处于良好的工作状态，建立健全使用管理规章制度，建立设备运行日志。

④ 存储介质安全

存储介质安全主要是安全保管、防盗、防销毁和防病毒，由专人或部门保管，建立健全使用管理规章制度。

⑤ 通信线路安全

通信设备和通信线路的装置要稳固牢靠,具有一定对抗自然因素和人为因素破坏的能力,包括防止电磁信息的泄露、线路截获,以及抗电磁干扰等。

3. 网络安全

网络安全是指网络系统的硬件、软件及其系统中的数据受到保护,不因偶然的或者恶意的原因而遭受到破坏、更改、泄露,系统连续可靠正常地运行,网络服务不中断。

常见的网络安全技术包括以下内容。

(1) 虚拟网技术

虚拟网技术主要基于近年发展的局域网交换技术(ATM 和以太网交换),交换技术将传统的基于广播的局域网技术发展为面向连接的技术。因此,网管系统有能力限制局域网通信的范围而无须通过开销很大的路由器。

(2) 防火墙技术

防火墙技术是一种用来加强网络之间访问控制,防止外部网络用户以非法手段通过外部网络进入内部网络,访问内部网络资源,保护内部网络操作环境的特殊网络互联设备。它对两个或多个网络之间传输的数据包(如链接方式)按照一定的安全策略来实施检查,以决定网络之间的通信是否被允许,并监视网络运行状态。

防火墙产品主要有堡垒主机、包过滤路由器、应用层网关(代理服务器)以及电路层网关、屏蔽主机防火墙、双宿主机等类型。

(3) 病毒防护技术

病毒历来是信息系统安全的主要问题之一,由于网络的广泛互联,病毒的传播途径和速度大大加快。

将病毒的途径分为:

- 通过 FTP,电子邮件传播;
- 通过软盘、光盘、磁带传播;
- 通过 Web 游览传播,主要是恶意的 Java 控件网站;
- 通过群件系统传播。

病毒防护的主要技术如下。

(a) 阻止病毒的传播。

在防火墙、代理服务器、SMTP 服务器、网络服务器、群件服务器上安装病毒过滤软件,在个人计算机安装病毒监控软件。

(b) 检查和清除病毒。

使用防病毒软件检查和清除病毒。

(c) 病毒数据库的升级。

病毒数据库应不断更新,并下发到桌面系统。

(d) 在防火墙、代理服务器及 PC 上安装 Java 及 ActiveX 控件扫描软件,禁止未经许可的控件下载和安装。

(4) 入侵检测技术

利用防火墙技术,经过仔细的配置,通常能够在内外网之间提供安全的网络保护,降

低网络安全风险。但是,仅仅使用防火墙,网络安全还远远不够,体现在以下方面:

- 入侵者可寻找防火墙背后可能敞开的后门;
- 入侵者可能就在防火墙内;
- 由于性能的限制,防火墙通常不能提供实时的入侵检测能力。

入侵检测系统目的是提供实时的入侵检测及采取相应的防护手段,记录证据用于跟踪和恢复、断开网络连接等。

实时入侵检测能力之所以重要,是因为它不仅能够对付来自内部网络的攻击,而且能够缩短攻击者侵入的时间。

入侵检测系统可分为基于主机和基于网络的入侵检测系统。

(5) 安全扫描技术

网络安全技术中,另一类重要技术为安全扫描技术,安全扫描技术与防火墙、安全监控系统互相配合能够提供很高安全性的网络。

安全扫描工具通常分为基于服务器和基于网络的扫描器。

(6) 认证和数字签名技术

认证技术主要解决网络通信过程中通信双方的身份认可,数字签名是身份认证的一种具体技术,同时数字签名具有不可抵赖性。

(7) VPN 技术

(a) 企业对 VPN 技术的需求

企业总部和各分支机构之间采用 Internet 网络进行连接,由于 Internet 是公用网络,因此,必须保证其安全性。我们将利用公共网络实现的专用网络称为虚拟专用网(VPN)。

(b) 数字签名

数字签名作为验证发送者身份和消息完整性的根据。公共密钥系统(如 RSA)基于私有/公共密钥对,电子商务认证授信机构(CA,certificate authority)使用私有密钥计算其数字签名,利用 CA 提供的公共密钥,任何人均可验证签名的真实性。伪造数字签名从计算能力上是不可行的。

(c) IPSec(Internet 协议安全性)

IPSec 作为在 IPv4 及 IPv6 上的加密通信框架,已为大多数厂商所支持,1998 年将其确定为 IETF 标准,是 VPN 实现的 Internet 标准。

IPSec 主要提供 IP 网络层上的加密通信能力。该标准为每个 IP 包增加了新的包头格式,Authentication Header(AH)及 Encapsulating Security Payload(ESP)。IPSec 使用 ISAKMP/Oakley 及 SKIP 进行密钥交换、管理及加密通信协商。

4. 主机安全

主机安全技术面向保护计算机操作系统和运行于其上的信息系统,主要包括操作系统安全技术、数据库安全技术和可信计算技术等。操作系统安全技术包括用户身份认证、授权与访问控制等;数据库安全技术解决业务数据完整性、操作可靠性、存储可靠性和敏感数据保护等问题;可信计算技术提供系统模块的验证和保护,加强用户管理等功能。

5. 数据安全

数据安全有对立的两方面的含义：一是数据本身的安全，主要是指采用现代密码算法对数据进行主动保护，如数据保密、数据完整性、双向身份认证等，二是数据防护的安全，主要是采用现代信息存储手段对数据进行主动防护，如通过磁盘阵列、数据备份、异地容灾等手段保证数据的安全。数据安全是一种主动的保护措施，数据本身的安全必须基于可靠的加密算法与安全体系，主要有对称算法与公开密钥密码体系两种。

数据处理的安全是指如何有效地防止数据在录入、处理、统计或打印中由于硬件故障、断电、死机、人为的误操作、程序缺陷、病毒或黑客等造成的数据库损坏或数据丢失现象，某些敏感或保密的数据让不具备资格的人员或操作员阅读，从而造成数据泄密等后果。

数据存储的安全是指数据库在系统运行之外的可读性。一旦数据库被盗，即使没有原来的系统程序，照样可以另外编写程序对盗取的数据库进行查看或修改。从这个角度说，不加密的数据库是不安全的，容易造成商业泄密，由此便衍生出数据防泄密这一概念，这就涉及计算机网络通信的保密、安全及软件保护等问题。

6. 运维安全

运维人员应对服务运行的状态进行实时的监控，随时发现服务的运行异常和资源消耗情况，输出重要的日常服务运行报表，用以评估服务/业务整体运行状况，发现服务隐患。对服务出现的任何异常进行及时处理，尽可能避免问题的扩大化甚至终止服务。运维工程师需要针对各类服务异常，如机房/网络故障、程序 bug 等问题制定处理的预案，问题出现时可以自动或手动执行预案达到止损的目的。除了日常小故障外，运维工程师还需要考虑产品不同程度受损情况下的灾难恢复，包括诸如地震等不可抗力导致大规模机房故障，在线产品被删除等对产品造成致命伤害的情况。

1.3.4 我国电子商务支付安全的法律保障

支付是电子商务的重要组成部分，支付的安全性、便捷性和高效性充分体现了电子商务的优势所在。面对快速发展的电子商务和电子支付，国家先后出台了一系列法律法规用来规范市场行为，保护各方当事人正当合法利益，促进行业健康持续发展。

2005 年 4 月 1 日起开始实施的《中华人民共和国电子签名法》首次赋予电子签名与文本签名同等法律效力，并明确电子认证服务市场准入制度，保证电子交易安全。

2005 年 10 月 26 日中国人民银行发布的《电子支付指引（第一号）》，对银行从事电子支付业务提出指导性要求，以规范和引导电子支付的发展。第三方支付机构并不属于银行业金融机构，因此第三方支付公司尚未纳入该指引的规范对象。

2005 年 6 月，中国人民银行发布了《支付清算组织管理办法（征求意见稿）》，该办法第二条规定："本办法所称支付清算组织，是指依照有关法律法规和本办法规定在中华人民共和国境内设立的，向参与者提供支付清算服务的法人组织。"这其中包括为银行业金融机构或其他机构及个人提供支付清算服务的机构。根据该规定，中国人民银行的监管范围包括了非金融支付机构这样的非银行机构。

2010年6月21日，中国人民银行出台《非金融机构支付服务管理办法》，明确规定："金融机构提供支付服务，应当依据本办法规定取得《支付业务许可证》，成为支付机构；支付机构依法接受中国人民银行的监督管理；未经中国人民银行批准，任何非金融机构和个人不得从事或变相从事支付业务。"《非金融机构支付服务管理办法》对非金融支付机构提出了一系列要求，符合其规定者方可申报。该办法从2010年9月1日开始执行。

2010年12月，中国人民银行在其网站上正式公布了《非金融机构支付服务管理办法实施细则》，对支付机构从事支付业务的最基本规则、申请人资质条件等进行细化，明确了非金融支付机构申请的资质，为非金融支付机构获取《支付业务许可证》给出了最终的政策性解释。

2011年5月26日，中国人民银行批准发布第一批《支付业务许可证》，27家非金融支付机构获证。

2011年6月，中国人民银行发布了《非金融机构支付服务业务系统检测认证管理规定》，保障非金融机构支付服务业务系统检测认证工作规范有序开展。随后发布了《非金融机构支付业务设施技术认证规范》，除对非金融支付机构的整体要求外，对非金融机构支付服务在业务模型和技术管控层面均进行了规定。

适用于非金融支付机构的管理规定包括：
- 《支付清算组织管理办法》；
- 《非金融机构支付服务管理办法》；
- 《非金融机构支付服务管理办法实施细则》；
- 《支付机构反洗钱和反恐怖融资管理办法》；
- 《支付机构客户备付金存管暂行办法》；
- 《非银行支付机构网络支付业务管理办法》。

适用于专项支付业务的管理规定包括：
- 《支付机构互联网支付业务管理办法》；
- 《银行卡收单业务管理办法》；
- 《支付机构预付卡业务管理办法》。

适用于支付技术管理的规定包括：
- 《非金融机构支付服务业务系统检测认证管理规定》；
- 《非金融机构支付业务设施技术认证规范》；
- 《非金融机构支付服务业务系统检测规范》。

本章思考题

1. 电子商务支付面临哪些安全威胁？
2. 如何防范电子商务支付风险？

第2章 电子商务中的电子支付

2.1 电子商务支付系统

2.1.1 电子商务支付系统的出现及电子商务的支付流程

1. 电子商务支付系统的出现

随着网络技术和通信技术的快速发展,尤其是电子商务的发展,传统的支付方式已经不能适应,因此电子商务支付应运而生。电子商务支付系统主要由提供货币支付业务和清算业务的金融机构、非银行支付机构以及实现电子支付功能的管理信息系统共同组成,主要用于清算电子商务交易实体之间因实物资产或金融资产转移时所产生的债务,并将支付信息通过网络安全地传送到银行或相应的支付处理中心,所采用的新型支付手段包括电子现金、信用卡、借记卡、智能卡等。目前,国内已经有许多发展比较成熟的支付系统,例如招商银行网上银行、支付宝、财付通等第三方支付系统。

2. 电子支付系统的分类

电子支付是电子商务的基础与平台,电子支付通常包含买卖方支付信息与资金的传输。由于服务的对象不同,处理的支付类型不同,涉及的中介机构不同,支付业务处理和资金结算方式不同,电子支付系统大致可以划分为以下四大类。

(1) 大额资金转账系统

大额资金转账系统(HVPS,high value payment system)是一个国家支付系统的主动脉,对金融市场的发展和国家整个金融体系乃至经济发展具有十分重大的意义,也称大额支付系统。大额支付系统把各地的经济和金融中心联合起来,形成全国统一的市场。大额支付系统还对重要的跨国市场提供多种货币交易的最终结算服务,因此大额支付系统的设计和运行是决策者和银行家关心的主要问题。近十几年来,发达国家一直在努力改造、强化它们的跨行大额资金转账系统。大额支付系统不仅能满足社会经济对支付服务的需求,而且可以为中央银行采用市场手段实施货币政策创造条件。

大额支付系统的特点表现在交易金额巨大,时间要求急迫,因此对可靠性、安全性、准确性和及时性要求较高。

大额支付系统的重要性还可以用大额支付金额在总的支付金额中所占的比重来说明,在美国,FEDWIRE 和 CHIPS 两个大额支付系统处理的支付金额占全部支付金额的 86% 以上;日本中央银行的 BOJ-NET 系统占 75%;瑞士中央银行的 SIC 系统占 95% 以上。然而大额支付业务量(笔数)在总业务量中只占很小的比例,例如 BOJ-NET 系统只处理了总支付业务量的 0.1%。

大额支付系统通常由中央银行拥有和运行,建立高度安全可靠的电子大额资金转账系统非常重要。发达国家的大额支付系统正在朝着实时全额结算系统(RTGS,real time gross settlement)的模式发展。因为 RTGS 比净额结算系统拥有明显的优越性,它使支付风险透明可见,可以度量,从而使支付风险具有更好的可控性。

(2) 批量电子支付系统

批量电子支付系统(bulk electronic payment system)是满足个人消费者和商业(包括企业)部门在经济交往中一般性支付需要的支付服务系统,也称小额支付系统。小额支付系统能够支持多种支付应用,大体上可以把这些支付交易划分为两大类:经常性支付和非经常性支付。与大额支付系统相比,小额支付系统处理的支付交易金额较小,但支付业务量很大(占总支付业务的 80%~90%)。所以小额支付系统必须具有极强的处理能力和吞吐能力,才能支持经济社会中发生的大量支付交易。大额支付系统对数量较少的专业化市场的参与者提供支付服务,而小额支付系统实际上对经济活动中的每一个参与者提供支付服务。由于支付金额较少,时间紧迫性较弱,这类系统常采用批量处理、净额结算转账资金的方式。如果说在大额支付系统中政策和安全是头等重要的事情,那么在小额支付系统中,首要考虑的因素就是处理效率,例如,日本的主要小额支付系统——全银(Zengi)系统——处理的支付业务量是大额支付系统 BOJ-NET 的 260 倍,但全银系统处理的支付金额只有 BOJ-NET 系统的 5%。

由于小额支付系统直接服务于广大消费者客户和商业(包括企业)单位,这类系统提供服务的质量极大地影响着人们对一个国家金融体制的信心。

(3) 联机小额支付系统

信用卡、ATM 和 POS 网络对小额支付提供通信、交易授权和跨行资金清算及结算。从概念上,这类支付系统应划为小额电子支付系统范畴,但由于这类系统具有的特点,一般将其单列为一类,即联机小额支付系统。因为这类支付系统的客户一般都使用各种类型的支付卡作为访问系统服务的工具,所以这类系统又被称为银行卡支付系统,这类系统的电子授信要实时进行,因而它比批量电子支付系统要求较高的处理速度(联机授信处理),但不要求大额支付系统中成本昂贵的控制和安全措施。这些联机小额支付系统一般提供两种功能:一是验证付款卡的有效性、持卡人身份真实性和持卡人账户资金充足性;二是在网络的各参与者之间传递支付指令。

联机小额支付系统中的资金清算和结算一般都采用批处理、净额结算方式。该支付系统的特点是支付过程完全自动化。支付卡正在由传统的磁卡向 IC 卡过渡,IC 卡的普遍采用将会大大降低联机小额支付系统中的欺诈性风险。

(4) 电子货币支付系统

电子货币(electronic money)产品分为基于卡的系统和基于软件的系统。前者是通过专门的计算机硬件设备实现的,通常被称为智能卡。该智能卡中包含实际购买能力,消费者通常要为此进行事先付款。这类产品一般被称为多用途预付卡或电子钱包。卡中的电子币值可以在持卡人之间进行转移而不用经过任何中央系统。这类产品已经具备了目前现金(纸币和硬币)的主要特征,而且提供了现金不具备的某些特征。这类电子支付工具又被称为电子现金。

基于软件的电子货币产品,一般采用在标准的计算机硬件设备中安装专用软件的方式来存储或转移电子币值。它们的目标是通过开放式的计算机网络,如 Internet 网络,进行安全支付。

3. 电子商务中的交易与支付流程

电子商务中的交易与支付流程,如图 2.1 所示。

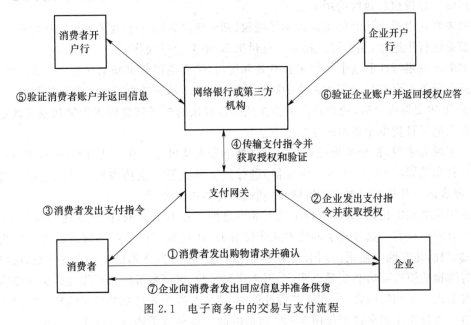

图 2.1 电子商务中的交易与支付流程

图 2.1 中,消费者向企业发出购物请求标志着一次电子商务流程的开始。企业获得消费者的请求和购物确认后,通过支付网关将支付指令传送给消费者,消费者在收到企业发出的支付请求后,通过支付网关发出支付指令,支付网关将购物信息和支付指令传输给网络银行或第三方支付清算机构获取授权,网络银行及第三方支付清算机构将分别向消费者开户行和企业开户行进行验证并获取授权,然后将授权信息返回企业,企业获得银行的授权信息后向消费者发出购物回应信息并准备供货。目前,支付网关多由第三方支付清算机构承担。

在线支付工具通常包括在线卡基支付工具、电子支票以及电子现金,是电子商务活动中顾客购物时常用的支付工具,是在小额购物或购买小商品时常用的新式钱包。利用在线支付工具在网上购物,通常包括以下步骤。

① 顾客(购物消费者)坐在自己的计算机前,通过 Internet(大众公用网络)查寻自己想购买的物品。

② 顾客在计算机上输入订货单,包括从哪个销售商店购买什么商品,购买多少,订货单上还需注明将此货物在什么时间送到什么地方以及交给什么人等信息。

③ 通过电子商务服务器与有关商店联系并得到应答,告诉顾客所购货物的单价、应付款数、交货等信息。

④ 顾客确认后,可使用并选取一种在线支付工具付款。

⑤ 电子商务服务器对此在线支付工具进行加密和确认等处理,发送到相应的银行,同时销售商店也收到了经过加密的购货账单,销售商店将自己的顾客编码加入电子购货账单后,再转送到电子商务服务器;电子商务服务器确认这是一位合法顾客后,将其同时送到信用卡公司和商业银行,在信用卡公司和商业银行之间进行收付款钱数和账务往来的电子数据交换和结算处理;信用卡公司将处理请求再送到商业银行请求确认并授权,商业银行确认并授权后送回信用卡公司。

如果商业银行确认后拒绝并且不予授权,则说明顾客的这个电子支付工具存在问题。遭到商业银行拒绝后,顾客可以换另一支付工具,重复上述操作。

如果商业银行证明这个支付工具有效并授权,销售商店就可确信交易。与此同时,销售商店会留下整个交易过程中往来的财务数据,并且出示一份电子收据发送给顾客。

⑥ 上述交易成交后,销售商店就会按照顾客提供的电子订货单将货物从发送地点交到顾客在电子订货单中指明的送达地点。

对于顾客来说,整个购物过程自始至终都十分安全可靠。在购物过程中,顾客可以用任何一种浏览器(如用 Netscape 浏览器)进行浏览和查看。成功购物以后无论什么时候需要,顾客即可开机调出电子购物账单,利用浏览器进行查阅。

由于采取加密机制,顾客支付工具上的信息别人是看不到的,因此保密性很强,使用起来十分安全可靠。这种电子购物方式非常方便,还可利用电子商务服务器确认销售商店的真实性,比在网上使用信用卡交易更安全。电子商务服务器的安全保密措施,可以保证顾客购物的销售商店必定是真实的,不会是假冒的,保证顾客安全可靠地购买到货物。

就上述电子购物而言,在实际进行过程中,即从顾客输入订货单后到收到销售商店出具的电子收据为止的全过程仅用 5~20 秒的时间。这种电子购物方式十分省事、省力、省时。购物过程中虽经过信用卡公司和商业银行等多次进行身份确认、银行授权、各种财务数据交换和账务往来等,但所有业务活动都是在极短的时间内完成的。

总之,这种购物过程彻底改变了传统的面对面交易和一手交钱、一手交货以及面谈等购物方式。这是有效的、极具保密性的、安全保险的和可靠的电子购物过程。利用各种电子商务保密服务系统,就可以在 Internet 上使用自己的在线电子支付工具,放心大胆地购买自己所需要的物品。从整个购物过程看,购物的顾客只需输入电子订货单说明自己购买的物品,调出自己的在线电子支付工具,只要通过授权即可完成交易,并得到电子收据,这是一种不同于传统购物方式的现代高新技术购物方式。

2.1.2　电子商务支付系统的基本构成

电子商务支付系统是电子商务系统的重要组成部分,它指的是消费者、商家和金融机构之间使用安全电子手段交换商品或服务,即把支付信息,包括电子现金、信用卡、借记卡、智能卡等,通过网络安全传送到银行或相应的处理机构来实现电子支付;是融购物流程、支付工具、安全技术、认证体系、信用体系、金融体系为一体的综合大系统。

电子商务支付系统的基本构成如图2.2所示。

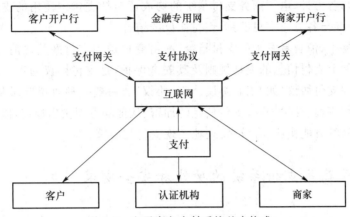

图2.2 电子商务支付系统基本构成

① 客户是指与某商家有交易关系并存在未清偿的债权债务关系的一方。客户用自己拥有的支付工具(如信用卡、电子钱包等)来发起支付,是支付系统运作的原因和起点。

② 商家则是有债权的商品交易的另一方,他可以根据客户发起的支付指令向金融体系请求获取货币给付。

③ 客户开户行是指客户办理银行账户开户的银行,客户所拥有的支付工具就是由开户行提供的,客户开户行在提供支付工具的同时也提供了一种银行信用,即保证支付工具的兑付。在卡基支付体系中,客户开户行又被称为发卡行。

④ 商家开户行是指商家办理银行账户开户的银行,其账户是整个支付过程中资金流向的地方。商家将客户的支付指令提交给商家开户行后,就由其开户行进行支付授权的请求,以及行与行间的清算等工作。商家的开户行是依据商家提供的合法账单(客户的支付指令)来工作的,因此又称为收单行。

⑤ 支付网关是公用网和金融专用网之间的接口,支付信息必须通过支付网关才能进入银行支付系统,进而完成支付的授权和获取。支付网关的建设不仅关系着支付结算的安全及银行自身的安全,而且关系着电子商务支付结算的安排及金融系统的风险。必须保证这两种信息在传输过程中不能被无关的第三者阅读,包括商家不能看到其中的支付信息(如信息卡号、授权密码等),银行不能看到其中的交易信息(如商品种类、商品数量等)。这就要求支付网关一方面必须由商家以外的银行或其委托的卡组织来建设,另一方面网点不能分析交易信息,对支付信息也只是起保护与传输的作用,即这些保密数据对网关而言是透明的。

⑥ 金融专用网则是银行内部及银行间进行通信的网络,具有较高的安全性,包括中国国家现代化支付系统、人民银行电子联行系统、工商银行电子汇兑系统、银行卡授权系统等。

⑦ 认证机构则负责为参与商务活动的各方(包括客户、商家和支付网关)发放数字证书,以确认各方的身份,保证电子商务支付的安全性。认证机构必须确认参与者的资信状况(如银行的账户状况、与银行交往的信用历史记录等),因此认证过程也离不开银行的参与。

除以上参与各方外,电子商务支付系统的构成还包括支付中使用的支付工具及遵循的支付协议,是参与各方与支付工具、支付协议的结合。

在网上交易中,消费者发出的支付指令,在由商户送到支付网关之前,是在公用网上传送的。公用网上支付信息的流动规则及其安全保护,是支付协议的责任。目前已经出现了比较成熟的支付协议(如 SET 协议、SSL 协议)。一般一种协议针对某种支付工具,对交易中的购物流程、支付步骤、支付信息的加密、认证等方面做出规定,以保证在复杂的公用网中的交易双方能快速、有效、安全地实现支付与结算。

2.1.3 电子商务支付系统的功能和安全要求

1. 电子商务支付系统的功能

虽然货币的不同形式会导致不同的支付方式,但安全、有效、便捷是各种支付方式追求的共同目标。对于一个支付系统而言(可能专门针对一种支付方式,也可能兼容几种支付方式),它应有以下的功能。

① 使用数字签名和数字证书实现对方的认证。为实现交易的安全性,对参与交易的各方身份的有效性进行认证,通过认证机构或注册机构向参与各方发放数字证书,以证实其身份的合法性。

② 使用加密技术对业务进行加密。可采用对称密钥体制或非对称密钥体制进行消息加密,并采用数字信封、数字签名登记书来加强数据传输的保密性,以防止未被授权的第三者获取消息的真正含义。

③ 使用消息摘要算法以确认业务的完整性。为保护数据不被未授权者建立、嵌入、删除、篡改、重放,而是完整不变地到达接收者一方,可以采用数据杂凑技术;通过对原文的杂凑生成消息摘要一并传送给接收者,接收者就可以通过摘要来判断所接收的信息是否完整。若发现接收的消息不完整,要求发送端重发以保证其完整性。

④ 当交易双方出现纠纷时,保证对业务的不可否认性。这用于保护通信用户对付来自其他合法用户的威胁,例如,发送用户否认它所发的消息,接收者否认它已接收的消息,等等。支付系统必须在交易的过程中生成或提供足够充分的证据来迅速辨别纠纷中的是非,可以用仲裁签名、不可否认签名等技术来实现。

⑤ 能够处理贸易业务的多边支付问题。由于网上贸易的支付要牵涉到客户、商家和银行等多方,其中传送的货物信息与支付指令必须连接在一起,因为商家只有确认了支付指令后才会继续交易,银行也只有确认了支付指令后才会提供支付。但同时,商家不能读取客户的支付指令,银行不能读取商家的购货信息,这种多边支付的关系就可以通过双重签名等技术来实现。

2. 电子商务支付系统的安全要求

电子商务是在开放的互联网环境下进行的,基于 Internet 的电子商务安全问题既包括通信安全又包括商务交易安全。通信安全是指在信息传输过程中引发的信息安全问题。通信安全内容包括:主机安全、网络设备安全、网络系统安全、数据库安全、运营安全等。其特征是针对计算机网络及系统本身可能存在的安全隐患,通过实施增强的网络安全解决方案,保证计算机网络系统运行的安全。商务交易安全则是指在互联网环境下,开展电子交易活动时引发的各种安全问题。在通信安全得到保证的基础上,保证电子商务交易过程的安全显得尤为重要,交易过程的安全问题包括交易数据的保密、交易信息和交易者身份确认、电子单据的有效使用等。

电子商务安全问题的全面解决,必须从法律、管理和技术等几方面全盘考虑综合治理。法律、法规是保证电子商务安全的前提条件,在法律体系,要建立一套完整的电子商务法律框架,制定和完善各项具体的法律、法规;管理制度是电子商务系统运行安全的必要保证,通过制定严密的管理制度,规范电子商务交易活动中的各种行为,使电子商务交易标准化、制度化和规范化;技术方式是电子商务各种安全问题得以解决的重要手段,需要建立一套有效的计算机网络安全体系与保密体系,包括硬件系统和软件系统的全面防范措施。法律、管理和技术三者相辅相成、缺一不可,共同保证电子商务的可靠安全运行。

通常,电子金融活动的信息安全体系包括基本加密技术、安全认证技术及安全应用标准与协议三大层次,在此安全体系之上便可以建立电子金融与商务活动的支付体系和各种业务应用系统。概述而言,电子金融与商务活动的安全体系包括网络信息传输安全、信息加密技术及交易的安全,涉及诸如基本加密算法、数字信封、数字签名等安全认证技术及各种安全协议等,具体内容将在后续章节讲述。

2.2 网上银行

2.2.1 网上银行概述

1. 网上银行产生的原因

网络的商业化带动了网络经济的发展,开创了网络经济时代。在以信息技术和创新能力为特征的网络经济时代,需要有限地实现支付手段的电子化和网络化,需要银行改变传统的经营理念和服务方式,建立以客户为中心、以客户价值为导向的营销理念。

电子商务的快速发展,需要借助电子手段进行资金的支付和结算,作为支付中介的商业银行在电子支付中扮演着举足轻重的角色,是连接商家和消费者的纽带。银行必须适应电子商务的发展,重新审视自身的服务方式,增加服务手段,提供更加便捷迅速、安全可靠、低成本的支付结算服务。

2. 网上银行的概念和特点

网上银行又称网络银行、在线银行或电子银行,它是各银行在互联网中设立的虚拟柜台,银行利用网络技术,通过互联网向客户提供开户、销户、查询、对账、行内转账、跨行转账、信贷、网上证券、投资理财等传统服务项,使传统的银行服务不再通过物理的银行分支机构来实现,客户足不出户就能够安全、便捷地管理活期和定期存款、支票、信用卡及个人投资等。

网络银行业务作为一种全新的服务模式,具备以下特点。

(1) 全面实现无纸化交易

以前使用的票据和单据大部分被电子支票、电子汇票和电子收据所代替;原有的纸币被电子货币(即电子现金、电子钱包、电子信用卡)所代替;原有纸质文件的邮寄变为通过数据通信网进行传递。

(2) 服务方便、快捷、高效、可靠

通过网上银行,用户可以享受到方便、快捷、高效和可靠的全方位服务。上网用户可以在家开立账户,进行交易。网上银行实行全天 24 小时、一年 365 天不间断营业。客户可以随时随地使用网上银行的服务,不受时间、地域、方式的限制,即享受 3A(anytime、anywhere、anyhow)服务。银行业务的电子化大大缩短了资金在途时间,提高了资金的利用率和整个社会的经济效益。

(3) 经营成本低廉

美国网络银行运作的报告表明,互联网银行的经营成本只相当于经营收入的 15%~20%,而普通银行的经营成本占收入的 60%,开办一个网络银行所需的成本只有 100 万美元。在互联网上进行金融清算每笔成本不超过 13 美分,而在银行自有的个人电脑软件上处理一笔交易的成本则达到 26 美分;电话银行服务的每笔交易成本为 54 美分,而传统银行分理机构的处理成本高达 108 美元。所以,网络银行业务成本优势显而易见。而且,网络银行通过利用电子邮件、讨论组等技术,还可提供一种全新的、真正的双向交流方式。由于采用了虚拟现实信息处理技术,网络银行还可以在保证原有的业务量不降低的前提下,减少营业点的数量。

(4) 有利于服务创新,向客户提供多种类、个性化服务

通过银行营业网点销售保险、证券和基金等金融产品,往往受到很大限制,主要是由于一般的营业网点难以为客户提供详细的、低成本的信息咨询服务。利用互联网和银行支付系统,容易满足客户咨询、购买和交易多种金融产品的需求,客户除办理银行业务外,还可以很方便地在网上买卖股票、债券等,网上银行能够为客户提供更加合适的个性化金融服务。

3. 网络银行的业务功能分类

网络银行系统实现的业务可以概括如下。

① 公共信息服务。包括:银行简介;银行网点、ATM、特约商户介绍;银行业务、服务项目介绍;存款、贷款利率查询;外汇牌价查询;国债行情查询;各类申请资料(贷款、信用卡申请);投资、理财咨询使用说明。

② 客户交流服务。包括:客户意见反馈;客户投诉处理;客户投诉问题解答。

③ 财务查询服务。包括:企业集团对公业务查询服务;支票、汇票查询服务;个人卡

业务查询服务;个人储蓄业务查询服务。

④ 银行交易服务。包括:企业集团转账业务;个人理财业务;卡转账业务;外汇交易业务;个人小额抵押贷款业务。

⑤ 代收费业务。包括:代收水电费、电话费等。

⑥ 账务管理服务。包括:修改密码;挂失银行卡、存折;挂失支票。

2.2.2 支付网关

1. 支付网关的概念

支付网关(payment gateway)是连接银行专用网络与 Internet 的一组服务器,确保交易在 Internet 用户与交易处理商之间安全、无缝隙地传递,并且无须对原有主机系统进行修改。它可以处理所有 Internet 支付协议、Internet 特定的安全协议、交易交换、信息及协议的转换以及本地授权和结算处理。另外,它还可以通过设定配置来满足特定交易处理系统的要求。可以说离开了支付网关,网上银行的电子支付功能也就无从实现。

支付网关是银行金融网络系统和 Internet 网络之间的接口,是由银行操作将 Internet 上传输的数据转换为金融机构内部数据的一组服务器设备,或由指派的第三方机构处理商家支付信息和顾客的支付指令。支付网关的结构示意图如图 2.3 所示。

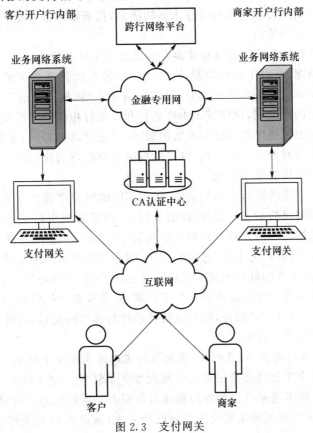

图 2.3 支付网关

支付网关处于 Internet 和银行专用网之间，将 Internet 传来的数据包解密，并按照银行系统内部的通信协议将数据重新打包；接收银行系统内部传回来的响应信息，将数据转换为 Internet 传送的数据格式，并对其进行加密，即支付网关主要完成通信、协议转换和数据加解密功能，以保护银行内部网络。

2. 支付网关的功能

具体来说，银行使用支付网关可以实现以下功能：

① 配置和安装 Internet 支付功能；
② 避免对现有主机系统的修改；
③ 采用直观的用户图形接口进行系统管理；
④ 适应诸如扣账卡、电子支票、电子现金以及微电子支付等电子支付手段；
⑤ 提供完整的商户支付处理功能，包括授权、数据捕获、结算及对账等；
⑥ 通过对 Internet 上交易的报告进行跟踪，对网上活动进行监视；
⑦ 通过采用 RSA 公共密钥加密和 SET 协议，可以确保网络交易的安全性；
⑧ 使 Internet 的支付处理过程与支付处理商目前的业务模式相符，确保商户信息管理的一致性，并为支付处理商进入 Internet 交易处理提供机会。

2.2.3 银行受到的挑战

网络银行这一新生力量向银行业注入新的活力，代表未来银行业的发展方向，但同时也给银行业带来巨大的挑战。

（1）技术进步会对传统银行业经营模式和理念造成巨大冲击

网络的快捷高速，突破了时空限制，给商业银行带来经营理念和经营模式的冲击，在传统银行规模效应继续发挥作用的同时，网络化引发了"新规模效应"。营业网点的扩张已不再是规模效应的代名词，网络赋予中小银行和大银行相同的发展空间。

网络时代要求银行提供更迅捷和高效的服务，以速度赢得客户，变被动为主动。网络改变了银行与客户面对面交易的方式，网络的规模效应使得商业银行必须提供更高效、更便捷的服务才能在市场竞争中争先。

新兴的网络经济要求银行在不同阶段，面对不同的客户群提出不同的市场策略，将市场细分化。中国的网民数量发展很快，但由于教育、经济和观念转变等原因，人们对网络的认识速度和接受能力不同。银行在制定市场策略时要因群施策，分步骤发展客户群，制定不同的营销策略；以客户为中心，通过分层次，向客户提供具体全面的服务以吸引顾客。

由于转账、核算业务的低成本相对优势不复存在，商业银行必须将业务重点转为提供"个性化服务"以求生存。银行必须积极与客户联系，获取客户的信息，了解不同客户的不同特点，提供更为"人性化"的服务，同时也要处理好与客户的关系，将服务转为"人际化"，这将成为银行盈利的重要方面。

（2）银行经营目标安全性、营利性、流动性的实现方式发生了改变

库存现金向数字现金的转变使得安全概念发生了转变。由于电子货币的广泛使用，银行资金的安全已经不再是传统的保险箱或者保安人员所能保障。对银行资金最大的威胁是黑客的偷盗，很可能不知不觉间资金就已经丢失，因此银行必须转变安全概念，从新

的角度确保资金安全。

电子支付的独特存取方式引发了流动性需求的改变。电子支付特别是电子货币的出现取消了传统的货币划分方式,不可避免的会导致银行的流动性需求发生改变,对现金的需求将会降低。

信息的重要性更加突出,信息获取与信息服务成为商业银行新的盈利点。在网络经济时代,银行获取信息的能力将在很大程度上体现其信用,而网络经济也要求传统银行在信息配置方面起主导作用,信息配置较之传统经济学中的资源配置,将发挥更大的作用,对经济学的发展也将是一个推动,这将成为银行信用的一个重要的方面。

(3) 网络时代金融行业壁垒的消失使银行感受到非同业的巨大竞争威胁

网络的重要特点就是低成本,而网络技术的普及也很快速,这消除了进入其他行业的壁垒,使银行业面临巨大的竞争威胁。银行业必须正视这一点,注重核心竞争力的打造,加强同其他行业的竞争力。

在网络时代,网络金融产品易诞生也易消亡的特点对银行的金融创新提出了更高的要求。新的金融衍生工具创造将加速翻倍,但可能被淘汰得更快。这一方面为银行突破传统的历史阶段性发展模式而利用技术创新进行跳跃式发展提供了可能,另一方面则对银行自身的创新能力提出了更高的要求。如果银行自身没有具备创新的实力,就有可能长期处于"跟随者"的不利地位,并且时刻面临被淘汰的危险。

(4) 网络银行的监管问题

互联网改变了银行的运作模式,新型的管理和运作方式使得银行的操作更人性化、更生动。银行网站可以利用多媒体等技术手段来吸引客户,同时互联网的出现也使银行网点的存在受到威胁。通过网络,银行也可以掌握更多的客户信息,通过对客户信息的进一步分析,可以开发出更多的产品,同时也更有利于对客户信用进行管理。

由于网络的快速、高效,网络银行风险防范更加必要。网络的高速化提高了银行的效率,同时也加剧了系统风险的传播速度,因此相对于传统银行风险防范,系统风险防范就更加重要,网络环境下对于操作风险、法律风险以及洗钱风险的防范就显得较为重要,当然,传统风险防范也不可忽视,也就是对于信用风险、流动性风险以及中介风险的防范。银行风险不仅会使银行失去信誉,而且有可能造成金融体系以及经济的波动。

网络的开放性使得网络银行的安全性问题更为突出,通信线路的流畅、数据的安全传输、对于黑客的防范以及应对内外部的恶意攻击都是系统安全要考虑的问题。在网络银行高效快速发展的同时,对中央银行的银行监管也提出了更高的要求。

2.3 第三方支付

2.3.1 第三方支付的相关概念

1. 第三方支付的产生

电子商务活动的核心是交易,即资金和商品(或服务)的交换。通常来说,一般的交易活动应遵循的原则是等价和同步。同步交换，就是交货与付款互为条件，也是等价交换的保证。

在实际操作中，对于现货商品的面对面交易，同步交换容易实现，但电子商务活动中，由于交易商品或服务的流转和验收需要过程，物流和资金流的异步和分离的矛盾不可避免，同步交换往往难以实现。而如果采用异步交换，即先付款后收货，或者先收货后付款，其中一方容易违背道德和协议，破坏等价交换原则，故先履行交易的一方往往会受制于人，陷入被动、弱势的境地，承担风险。

电子商务交易双方互不认识，信用如何，支付问题曾经成为电子商务发展的瓶颈之一。为了确保电子商务活动中的等价交换，需要遵循同步交换的原则，这就要求支付方式应与交货方式相匹配，因此可以采用过程化分步支付方式。过程化分步支付方式适应了电子商务交易过程中商品流转验收的过程性特点，款项从启动支付到所有权转移至对方不是一步完成，而是在中间增加中介托管环节，由原来的直接付转改进到间接转移，业务由一步完成变为分步操作，从而形成一个可监可控的过程，按步骤有条件进行支付。这样就可以使资金流适配商品物流进程达到同步的效果，使支付结算方式更适应电子商务的需求。

为迎合同步交换的市场需求，第三方支付应运而生。第三方是买卖双方在缺乏信用保障或法律支持的情况下的资金支付"中间平台"，买方将货款付给买卖双方之外的第三方，第三方提供安全交易服务，其运作实质是在收付款人之间设立中间过渡账户，使汇转款项实现可控性停顿，只有双方意见达成一致才能决定资金去向。第三方担当中介保管及监督的职能，并不承担什么风险，所以确切地说，这是一种支付托管行为，通过支付托管实现支付保证。

2. 第三方支付的概念

所谓第三方支付，就是通过与产品所在国家以及各大银行签约，由具备一定实力和信誉保障的第三方独立机构提供的交易支持平台。在通过第三方支付平台的交易中，买方选购商品后，使用第三方平台提供的账户进行货款支付，由第三方通知卖家货款到达、进行发货；买方检验物品后，就可以通知付款给卖家，第三方再将款项转至卖家账户。

在实际的操作过程中，第三方机构可以是银行等金融机构本身，也可以是非金融机构。在由金融机构第三方进行网络支付时，用户银行卡号和密码等敏感信息只在持卡人和金融机构之间传输，降低了因通过商家或其他机构传输而导致的风险。

当第三方是除了金融机构以外的其他具有良好信誉和技术支持能力的机构时，支付行为也可以通过这样的非金融机构第三方在持卡人和银行之间进行。第三方机构需要与各个主要银行之间签订相关协议，使得第三方机构与银行可以进行某种形式的数据交换和信息确认，同时，为了保障交易信息安全，非金融机构第三方需要符合相关管理规定并通过安全性检测及资格认证。

3. 第三方支付平台的支付类型

第三方支付平台的支付类型主要分为如下两大类。

（1）快捷支付

快捷支付指用户购买商品时，不需开通网银，只需提供银行卡卡号、户名、手机号码等信息,银行验证手机号码正确后,第三方支付发送手机动态口令到用户手机号上,用户输入正确的手机动态口令,即可完成支付。

如果用户选择保存卡信息,则用户下次支付时,只需输入第三方支付的支付密码或者是支付密码与手机动态口令即可完成支付。

例如,申请支付宝快捷支付的步骤是:① 需要带着自己户名的银行卡去银行办理"预留手机号码"的业务;② 申请开通,登录自己的支付宝账户,申请快捷支付,填写真实的个人资料,将预留了手机号码的银行卡号和手机号填入,然后单击"同意协议并开通",这样就成功开通了支付宝快捷支付。

(2) 账户余额支付

目前,很多第三方支付平台使用账户余额支付的方式,如支付宝、快钱等。账户余额支付的特点是不需要频繁输入银行卡的账号和密码,因此比较安全,但是抵抗假冒网站和账户欺诈的能力比较低,存在一定安全隐患。

使用账户余额支付需要经历两个过程:充值过程和实际支付过程。完成实际支付的前提是账户中必须有足够的资金,当资金余额不足以完成支付时,可以向账户充值以完成支付。通常,充值过程与实际支付过程是相对独立的,完成充值的用户不一定马上就进行支付,而进行支付也不需要每次都预先充值。

使用账户余额支付可以避免银行卡号在互联网中传输的危险。账户在银行卡账号和互联网之间形成了一个隔离层。支付服务器有时候会发送邮件或短信等账户信息给用户,这些信息的存在导致了账户欺诈的产生,一些不法分子冒充支付服务商发送信息给用户,骗取用户的账号、银行卡等敏感信息。

2.3.2 第三方支付业务及交易流程

1. 第三方支付业务

非金融第三方支付机构作为中介机构,在收付款人之间提供的货币资金转移服务称为支付服务,包括网络支付、预付卡的发行与受理、银行卡收单等几类中国人民银行确定的支付服务。其中,网络支付是指依托公共网络或专用网络在收付款人之间转移货币资金的行为,包括货币汇兑、互联网支付、移动电话支付、固定电话支付、数字电视支付等。

支付业务是一项技术支撑型服务,支付业务的开展依赖于支付技术的良好运营。不同的支付业务模式也有赖于不同的支付技术支撑。

从支付终端渠道的形式看,支付技术有以下6类。

① 互联网支付

互联网支付是指依托互联网实现收付款方之间货币资金转移的行为。包括一般支付、担保支付和协议支付。

② 固定电话支付

固定电话支付是指电话通过语音IVR方式,使用电话线路发出支付指令,实现货币支付与资金转移的行为。

③ 移动电话支付

移动电话支付有移动电话近场支付和移动电话远程支付两种类型。近场支付是指移动终端上内嵌的智能卡通过非接触方式和支付受理终端进行通信,实现货币支付与资金转移的行为;远程支付是指移动终端(通常指手机)以短信、WAP、客户端软件以及客户端软件加智能卡等方式,通过无线通信网络发出支付指令,实现货币支付与资金转移的行为。

④ 数字电视支付

数字电视支付是指依托交互机顶盒等数字电视支付终端发起的,使用 IC 卡或网络实现支付交易的行为(数字电视支付业务不涉及 IC 卡的发行和管理)。

数字电视支付客户通过数字电视终端等方式订购商户提供的商品或服务,并通过数字电视终端在支付服务方确认付款的支付交易。

⑤ 预付卡发行和受理

预付卡发行与受理是指持卡人在商店、网站等购买商户产品或服务,使用预付卡(实体卡或虚拟卡)方式通过业务受理终端(POS 机、虚拟处理设备等)发送支付指令,实现货币与资金在客户和商户间转移的行为。

⑥ 银行卡收单

银行卡收单是指收单机构通过受理终端为特约商户代收货币资金的行为。

收单机构是指从事收单核心业务、具备收单业务资质并承担收单业务主体责任的企业法人,包括经国务院银行业监督管理机构批准可以从事银行卡业务或信用卡收单业务的银行业金融机构和经中国人民银行批准可以从事银行卡收单业务的非金融支付机构,本书中收单机构则专指"经中国人民银行批准可以从事银行卡收单业务的非金融支付机构"。

受理终端是指通过对银行卡信息(磁条或芯片)读取、采集或录入装置生成银行卡交易指令的各类实体支付终端,包括但不限于 POS(销售点)终端、电话支付终端、自助支付终端、读卡装置。

2. 第三方支付交易流程

当前,账户支付是第三方支付平台网络支付的主要方式,在交易过程中,买方选购商品后,使用其在第三方支付平台的注册账户进行货款支付,随后由第三方通知卖家货款到达,进行发货;在买方收货并检验物品后,就可以通知支付平台付款给卖家,平台再将款项转至卖家账户。

第三方支付模式下,买卖双方只交换商品选购信息,而不直接交换支付信息,确保卖方无法获知买方的银行卡等敏感信息,同时也能够避免了银行卡等信息在网络上频繁传输而导致的相关信息泄露。这种情况下,支付信息只在买方和第三方支付平台之间进行交换,如果采用账户支付的方式,这些信息仅包括支付账户信息,而不包括银行卡信息,在一定程度上也保障了用户资金的安全。

不过,需要注意的是,如果用户通过银行卡向第三方平台的支付账户进行充值,仍然需要通过支付平台向银行网关转发银行卡信息。同时,大多数支付平台为了方便用户不必每次都输入银行卡号信息,会以绑定银行卡的方式将银行账号与支付平台的支付账户进行关联,此时支付平台往往保存了大量用户的银行卡等重要信息,因此平台的安全性对用户的信息安全显得尤为重要。一旦平台因遭受攻击而导致信息泄露,将可能造成无法估量的损失。

以 B2C 交易为例,第三方账户支付模式的交易流程如下:

① 买方在电子商务网站上选购商品,买卖双方达成交易意向并确定购买;

② 买方选择第三方支付平台作为支付中介,通过第三方支付平台将货款从自己的支付账户划转到第三方账户;

③ 第三方支付平台将买方已经付款的消息通知卖方,并要求卖方在规定时间内发货;

④ 卖方收到通知后按照订单发货,并在网站上做相应的记录,买方可以在网站上查看自己所购商品的状态。如果卖方一直没有发货,则第三方支付平台会通知买方交易失败,并将货款划回买方支付账户;

⑤ 买方收到货物并验货无误,则通知第三方支付平台付款,第三方支付平台将其账户上的货款划入卖方账户中,交易完成;

⑥ 如果对商品不满意或者与商家承诺有出入,可通知第三方支付平台拒付货款并将货物退回,第三方支付平台确认卖方收到货物后,将货款划回买方账户。

第三方支付流程如图 2.4 所示。

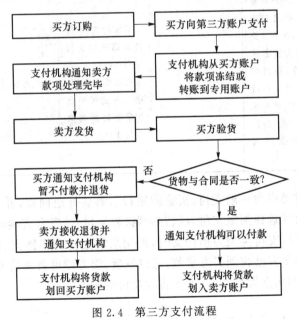

图 2.4 第三方支付流程

2.3.3 网上银行支付与第三方支付的区别

银行结算账户(bank settlement accounts)是指存款人在经办银行开立的办理资金收付结算的人民币活期存款账户。银行结算账户按存款人不同分为单位银行结算账户和个人银行结算账户。存款人以单位名称开立的银行结算账户为单位银行结算账户。存款人以个人名义开立的银行结算账户为个人银行结算账户。

网上银行的出现,使原来必须到银行柜台办理业务的客户,通过互联网便可直接进入银行,进行账务查询、转账、外汇买卖、银行转账、网上购物、账户挂失等业务,客户真正做到足不出户办妥一切银行业务。开通网银需要客户带上身份证或其他证件到银行网点柜台办理开通网上银行(有些银行也可在线开通网银)。网银账户的用户名是注册网上银行的银行卡的卡号,密码由自己设定。

网银账户与一张注册的银行卡唯一对应,网银账户是实体银行的一个电子渠道。

支付账户,是指获得互联网支付业务许可的支付机构,根据客户的真实意愿为其开立的,用于记录预付交易资金余额、反映交易明细信息的电子簿记。

网银账户和第三方支付账户存在的不同点见表2-1。

表2-1 网银账户与第三方支付账户的区别

区别方式	开立方法	支付类型	资金流向	支付中介	演进路线
网银账户	亲自见到本人,实名认证	一般支付	付款或转账后,资金直接划账到对方账户	银行	银行电子化
第三方支付账户	早期,开户只需填写注册名和密码即可,并不需要进行身份实名认证;现在,通过间接认证模式进行实名认证,并对账户分为三类,进行功能和限额的限制	担保支付	买家付款后,货款由第三方支付平台预收待付,买家确认收货之后,第三方支付平台把货款转到卖家支付账户上	第三方支付机构	交易商电子化

网银支付,支付类型为一般支付,买家的银行卡需要开通网银,并且保证银行卡中有可用余额,付款的时候选择网银支付,跳转到网银界面付款,资金直接转账到卖家账户。

第三方账户支付,支付类型为担保支付,使用余额支付或快捷支付。买家付款后,第三方收到款项,通知卖方已收到买家货款,可以发货,卖家即可将货物发运给买方,买方通知第三方收到满意的卖方货物,第三方便将货款付给卖方。

2.3.4 第三方支付机构的价值创造

因交易成本的降低,第三方支付机构创造了如下四大类价值。

(1)快捷支付价值

对支付客户而言,相对于银行的支付服务,第三方支付机构以更优惠的价格、更快捷的业务响应提供了跨区域、跨境支付服务,并能以同等快捷有效的服务满足单笔支付额度小但频次极高的支付需求。

在此意义上,第三方支付机构是提供快捷支付价值的支付服务集成商。

(2) 数据流信用生成价值

以电商、移动电商或移动社区为依托的第三方支付平台,天生就是各种即时的生产、销售、消费、社交信息大交换和大集成的所在。第三方支付平台上的支付数据沉淀,很容易与其他电商交易、供应链信息管理系统、社交和媒体平台的行为数据沉淀交叉组合。这产生了基于交易信息流、支付流、供应链物流、资金流,以及公共媒体及自媒体信息流等数据流生成信用的全新模式。

企业应收账款、应付账款等交易支付信息,以及订单、库存、收货单、发货单等供应链管理信息,反映了企业生产运营的实际状况。从这些信息中可以解析出企业生产的产品和服务是适销对路还是滞销,科学预测企业在未来产生的资金流,判断企业未来的还款能力。

传统上,商业银行的商业票据也能根据这些信息生成信用,但由于信息零碎、不全面和不及时,银行实际上仍以房产、机器设备等固定资产为主来评价信用。

第三方支付平台上的数据沉淀,特点是有大量时间连续性和动态及时性很强的数据流。如果在这些数据流上进一步加载社交网站、移动社区中对企业产品和服务的即时评价,更能及时准确地判断企业未来获取资金流的能力。

把第三方支付平台上个人账户的工资流水、理财产品销售和收益流水,与个人网购交易信息、行为信息、社交信息进行综合,也能对个人消费的未来还款能力进行模型预测,形成不同于银行以个人存款为依据的个人消费信用评价模式。以这些数据流为根本,可以及时对企业信用和个人消费信用进行评级。

在此意义上,第三方支付机构是提供信用信息服务的信用中介商。从信用评级向信贷服务延伸,第三方支付机构还能成为信贷中介商。

(3) 数据流营销价值

对银行、商户等产品和服务生产商而言,消费者、商户、银行等三边客户网络集聚在同一个第三方支付平台上,相互提高了对方网络的客户转化率,还能进行更精准的客户营销,从而使商户、银行均实现了更大的销售规模。

电子支付是一系列资金与交易数据的流动、交换和验证,支付交易数据承载了资金信息、产品和服务类信息、行为信息、空间和位置信息、时间信息等多维度信息流。通过第三方支付平台的账户,把消费者、商户、银行等三边客户网络的大量交易数据流累积记录在同一个支付平台上,这使第三方支付机构比双边市场任何一边的经营机构都更容易掌握准确深入的客户网络信息。

运用先进的数据挖掘工具,第三方支付机构可以更加深入地了解客户的资金用途与需求、消费行为与偏好、信用特征等丰富多样的信息。这既可用于第三方支付机构进一步改善支付流程、客户体验,更可用于各边客户网络的精准营销和深度营销。

在此意义上,第三方支付机构是提供数据流营销价值的数据服务集成商。

(4) 需求衍生价值

第三方支付作为典型的需求协调型双边市场,其所协调的需求具有极大的衍生性。

任何交易都最后归结为支付。反之,以支付服务为起点,可以衍生出任何交易服务需求。

由于银行、商户、消费者等多方客户网络都汇聚在同一支付平台,它们的外部性能吸引更多的生产者、服务者网络加入这个平台。而更多生产者、服务者网络的加入又将放大支付平台各边客户网络的外部性,形成一种持续的正反馈。

由此,从支付服务这一最基础性的服务可以衍生出一系列新服务,以满足各边客户网络更多的需求。这些服务可能与支付相关,也可能完全脱离了支付。

反过来,市场创造型和受众创造型双边交易平台,因为已经聚集了大量双边客户网络,也会在交叉的网络外部性所形成的正反馈激励下衍生出第三方支付平台。

在此意义上,第三方支付机构可发展为满足综合服务需求的超级服务集成商。

由此可见,一个第三方支付机构的发展逻辑,是一个动态价值链的发展过程,如图2.5所示。

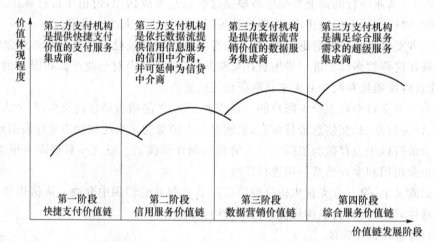

图 2.5 支付双边市场运营机构的动态价值链

第一阶段,快捷支付价值链;第二阶段,信用服务价值链;第三阶段,数据营销价值链;第四阶段,综合服务价值链。

目前,中国大部分第三方支付机构仍处于第一阶段,仅少数已经步入第二阶段或以上。总体来看,中国第三方支付机构价值链深化拓展和升级的空间还很大。

2.4 支付账户管理系统

账户是第三方支付系统为用户在系统内部开设的专用账户,用户注册后将在系统上拥有个人专属的支付和交易管理账户,并且系统采用一系列账户安全保证机制来保证账户处理的及时性、准确性和完整性。同时,建立风险控制机制,减少由于账户盗用等风险导致账户所有者的权益损失。

2.4.1 支付账户管理

(1) 账户开户

账户管理包括账户开户、账户锁定/解锁、账户密码修改、账户销户等一系列的工作。

① 账户开户:用户可以通过多种渠道申请开户,比如网站、自助语音等渠道提出申请,开户需要用户提供完整的个人信息,用户信息被提交到消息服务器,账户系统作为消息接收者,从消息服务器接收到开户请求,经合规性检查及通信方式验证后,就可成为账户的拥有者。

② 账户锁定/解锁:账户锁定的目的主要是保证用户信息的安全,比如当用户输入账户密码错误次数超限,则账户会被系统自动锁定进入"锁定"状态。账户被锁定后用户不能再对自己的账户进行管理,更不能进行任何交易。用户必须向客服申请解锁,验证相关的身份信息,并备案,通过后客服再向管理员提交用户解锁申请,管理员通过系统控制台对账户进行解锁,并恢复账户相关的交易。

③ 账户密码修改:账户密码有两个,一个是用于管理的密码,另一个是用于交易的密码。修改密码的步骤是一样的,首先用户需要输入原密码进行验证,通过后才能设置新的密码。当用户忘记密码时,就需要用户对密码进行重置,密码重置有短信、邮件等多种方式,也可能需要凭身份证到指定营业网点办理并备案。

④ 账户销户:在用户账户余额为零的情况下,用户可以申请销户。对于销户并重新开户的客户,原账户信息不予保留。

(2) 账户充值

当用户用于支付的电子钱包中的金额太少而不能购物的时候,就需要用户对电子钱包进行充值,充值操作是指根据用户申请充值金额,从用户指定的银行账户转到其电子钱包账户中的操作。因此支付网关必须具有向电子钱包虚拟账户充值的能力,用户可以通过支付网关子系统为自己的账户进行账户充值。

用户向支付系统的电子钱包虚拟账户进行充值的步骤:首先登录系统,通过第三方支付系统申请身份验证,在完成身份确认后,用户可提交充值申请;然后第三方支付系统通过支付网关子系统向用户开户银行申请收款,银行在收到该信息后,根据第三方支付系统的申请信息进行资金清算,将用户在银行账户中的资金划入支付系统的电子钱包虚拟账户中;最后,第三方支付系统将充值的处理结果信息反馈给用户。

(3) 账户提现

支付网关同时提供了电子钱包虚拟账户提现的功能,提现操作其实是充值的反向操作,即通过支付网关把用户申请提现的金额从他的电子钱包中转入其指定的银行账户中。

用户进行取现时流程与充值基本相似:首先登录系统,通过用户名和密码向第三方支付系统申请身份验证,在第三方支付系统完成身份确认后,用户可提交取现申请,第三方支付系统在该申请处理完毕后将取现成功的信息反馈给用户;然后第三方支付系统向用户开户银行申请付款,银行在收到该信息之后,根据第三方支付系统的申请信息进行资金清算,将支付账户中的资金(申请金额)划入用户银行账户中,同时通知第三方支付系统付款成功。

2.4.2 账户管理相关业务流程

1. 商户注册及开户流程

商户注册可以通过手机注册、邮箱注册等多种方式进行。以邮箱注册为例,商户注册及开户流程如图2.6所示。

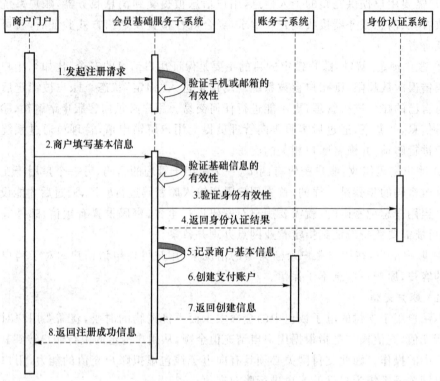

图 2.6 商户注册及开户流程

（1）商户在门户网站填写注册手机号或邮箱,发起注册请求,会员基础服务子系统验证手机号或邮箱的有效性。

（2）商户填写基本注册信息:法人的身份证号、头像照片、其他注册信息等。

（3）会员基础服务子系统调用公安部身份认证系统的接口,验证商户证件信息。

（4）公安部身份认证系统接口返回认证结果。

（5）会员基础服务子系统记录商户基本信息。

（6）会员基础服务子系统调用账务子系统创建用户支付账户。

（7）财务子系统将创建结果返回给会员基础服务子系统。

（8）会员基础服务子系统记录用户登录信息、用户基本信息、操作员信息,并向商户返回注册成功信息。

2. 账户余额转账流程

用户通过支付系统进行余额转账操作的流程如图2.7所示。

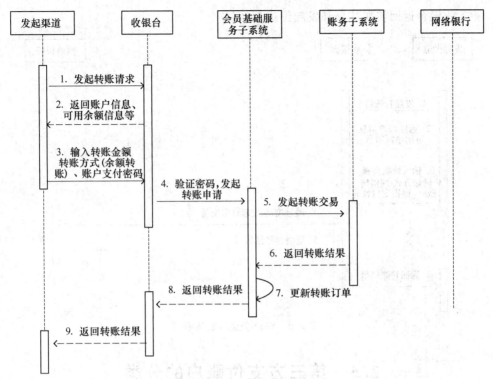

图 2.7　账户余额转账流程

(1) 发起渠道向收银台发起转账请求。

(2) 收银台返回账户信息、可用余额等。

(3) 用户输入转账金额、转账方式为余额转账、账户支付密码,收银台向会员基础服务子系统发起转账申请。

(4) 会员基础服务子系统验证支付密码,向账务子系统发起账务转账交易(用户账户余额充足)。

(5) 账务子系统完成转账交易。

(6) 账务子系统返回收款人账户信息、转账结果等信息。

(7) 会员基础服务子系统更新转账订单。

(8) 会员基础服务子系统向收银台返回转账结果。

(9) 收银台返回结果到发起渠道。

3. 账户网银转账流程

用户通过支付系统进行网银转账操作的流程如图 2.8 所示。

(1) 发起渠道向收银台发起转账请求。

(2) 收银台返回账户信息、可用余额等。

(3) 用户输入转账金额、转账方式为网银转账、网银支付密码。

(4) 收银台直接向网络银行验证密码,发起转账交易。

(5) 网络银行完成交易后,返回转账结果。

(6) 收银台返回转账结果到发起渠道。

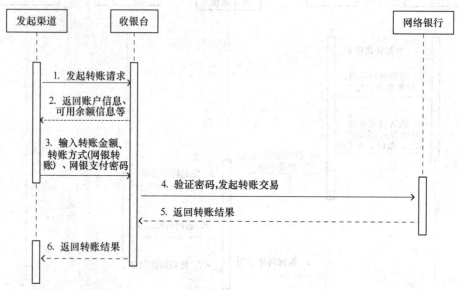

图2.8 账户余额转账流程

2.5 第三方支付账户的分类

2.5.1 第三方支付平台的账户体系的发展

第三方支付从无到有发展到现在,其账务体系经历了三大阶段。

第一个阶段,清分结算一体阶段。早期支付公司的商户通过在线支付收取货款后,向支付公司发起结算时,支付公司根据数据库中交易流水关联的商户号查找到所有该商户的未结算资金明细,汇总无误后将资金结算给商户。这个过程中,支付公司将清分和结算两个动作放到一个事物中先后进行。

第二个阶段,虚拟账户阶段。随着支付公司商户的急剧增多以及交易量的暴涨,假如每次商户发起提现,支付公司的清结算部门都一条一条数据汇总轧张后进行出款,不仅员工叫苦连天,效率也十分低下,服务很差。后来:针对每个商户开立一个虚拟账户,每次交易完成后就在商户的账户上进行余额的加减,这样每次商户发起提现时清算人员只要看一眼商户的账户余额就可以进行出款,然后把商户的余额调账就可以了。

第三个阶段,基于会计核算体系的账务阶段。经过实践发现这种单式记账法进行记账,不但经常丢数据,而且追查起来还非常困难。于是银行金融体系的基于系统科目的记账方案被引入第三方记账体系中。

第三方支付平台拥有自己的一套客户或账户体系,这个体系用于记录各个客户的基本信息、账户信息或账务信息。其中基本信息包括客户的实名认证信息、联系方式等,账户信息是较为重要的信息,如账户的资金或余额。

第三方支付平台的账户或账户体系与会计学原理是一样的,一般都采用单式记账法、复式记账法,再结合交易订单处理,就能建立一个简单的账户或账务系统。同时第三方支付平台的账户体系还涉及商户或客户模型,有助于满足客户为中心的需求。但不管第三方支付平台账户体系如何,都只是记录每一个客户或商户账户资金等虚拟的信息,真正的资金和信息存在银行账户内。

第三方支付体系自有账户,类似银行账户有对公账户和对私账户,第三方支付公司也有针对商户的B账户和针对个人的C账户。个人账户又称为C账户,比较简单,个人可以进行消费、充值、提现等操作;而商户账户又称为B账户,由于涉及结算和提现等操作,按照不同的资金类别设置不同账户的设计原则,商户账户一个商户号其实对应两个账户:商户B账户和商户C账户,商户B账户是商户结算账户,用于交易的收款等,商户本身无法直接操作,是第三方支付进行结算的账户;而商户C账户则是商户可以直接进行操作的账户,如可以进行提现、充值和支付等。

值得注意的是,第三方支付自有账户体系是独立于第三方支付在银行申请的账户的,是自有的账户体系,完成资金在第三方支付体系的闭环和结算等,这个自有账户体系内部的清结算不受外部监管。

2.5.2 第三方支付的个人支付账户的分类

2015年12月28日,央行发布《非银行支付机构网络支付业务管理办法》,自2016年7月1日起根据实名认证开户的落实情况,从功能和限额方面将账户分为Ⅰ、Ⅱ、Ⅲ三类账户,见表2-2。

表2-2 第三方支付的个人支付账户的分类(2016年7月1日执行)

账户类别	分类标准	余额付款功能	余额付款限额
Ⅰ类账户	非面对面实名认证,并通过至少一个外部渠道核实身份	消费、转账、提现	自账户开立起累计不超过1 000元(包括支付账户向客户本人同名银行账户转账)
Ⅱ类账户	面对面实名认证;或非面对面实名认证,并通过至少三个外部渠道核实身份	消费、转账、提现	年累计不超过10万元(不包括支付账户向客户本人同名银行账户转账)
Ⅲ类账户	面对面实名认证;或非面对面实名认证,并通过至少五个外部渠道核实身份	消费、转账、提现、购买理财	年累计不超过20万元(不包括支付账户向客户本人同名银行账户转账)

只有一个外部渠道验证身份的为Ⅰ类,消费和转账的余额付款限额为自开立起累计1 000元;自主或委托现场开户,或以线上开户方式且至少三个或五个外部渠道验证身份的则为Ⅱ类和Ⅲ类,消费和转账的余额付款限额分别为年累计10万元、20万元。而实名验证强度最高的Ⅲ类账户除了消费、转账,还具有投资理财功能。

此外,依据监管部门对支付机构的综合评级和达到实名制的支付账户比例将支付机构再细分为三类,不同类别的支付机构在监管要求上有着梯度差异。如综合评定A类且实名制落实较好的机构支付账户余额付款单日限额可以提高到10 000元,综合评定B类且实名制落实较好的机构是7 500元,而综合评定为C类或实名制落实未达标的支付机构则严格执行5 000元的交易限额措施。

从个人角度来说,限速是为了保护人们的生命安全,限额是为了保护人们的资金安全。而从金融稳定上看,坚持支付账户实名制底线,要求支付机构遵循"了解你的客户"原则,建立健全客户身份识别机制,切实落实反洗钱、反恐怖融资要求,防范和遏制违法犯罪活动。

2.5.3 支付账户与银行账户有何不同

2015年12月25日和28日,央行连续出台了《关于改进个人银行账户服务加强账户管理的通知》和《非银行支付机构网络支付业务管理办法》,这两个管理规范都要求支付账户进行分类,同样是分三类,银行与第三方支付的差别很大。主要区别如下。

(1) 账户开户及实名认证的方式不同,见表2-3。

可以看出,要想达到银行功能最全的账户(Ⅰ类),和我们之前通过银行柜面提交开户申请一样即可,当然通过自助机具提交银行账户开户申请,银行工作人员现场核验身份信息也可以。若要开功能最全的第三方支付账户(Ⅲ类账户),需要通过5个外部渠道进行身份验证,要求更严格一些。

表2-3 账户开户及实名认证的方式

账户类别	银行账户开户		第三方支付账户开户
Ⅰ类账户		通过远程视频柜员机和智能柜员机等自助机具受理银行账户开户申请,银行工作人员现场核验开户申请人身份信息	非面对面实名认证,并通过至少一个外部渠道核实身份
Ⅱ类账户	通过柜台面对面提交开户申请	通过远程视频柜员机和智能柜员机等自助机具受理银行账户开户申请,银行工作人员未到现场核验开户申请人身份信息	面对面实名认证;或非面对面实名认证,并通过至少3个外部渠道核实身份
Ⅲ类账户			面对面实名认证;或非面对面实名认证,并通过至少5个外部渠道核实身份

（2）账户功能和限额不同，见表2-4。

银行Ⅰ类账户没有限额，Ⅱ类、Ⅲ类有限额，但并没有给出具体规定。

表2-4 银行账户功能和限额

银行账户类别	账户功能和限额
Ⅰ类账户	为存款人提供存款、购买投资理财产品等金融产品、转账、消费和缴费支付、支取现金等服务
Ⅱ类账户	为存款人提供存款、购买投资理财产品等金融产品、限定金额的消费和缴费支付等服务；不得为存款人提供存取现金服务，发放实体介质
Ⅲ类账户	为存款人提供限定金额的消费和缴费支付服务；不得为存款人提供存取现金服务，发放实体介质

第三方支付在限额方面就要更明确和严格一些，Ⅰ类账户总共限额1 000元，Ⅱ类限额为每年10万元，Ⅲ类每年20万元，第三方支付账户功能和限额见表2-5。

表2-5 第三方支付账户功能和限额

第三方支付账户类别	账户功能和限额
Ⅰ类账户	账户余额仅可用于消费和转账，余额付款交易自账户开立起累计不超过1 000元（包括支付账户向客户本人同名银行账户转账）
Ⅱ类账户	账户余额仅可用于消费和转账，其所有支付账户的余额付款交易年累计不超过10万元（不包括支付账户向客户本人同名银行账户转账）
Ⅲ类账户	账户余额可以用于消费、转账以及购买投资理财等金融类产品，其所有支付账户的余额付款交易年累计不超过20万元（不包括支付账户向客户本人同名银行账户转账）

需要注意的是，这里的限额是限制余额付款交易额度，Ⅰ类账户包括支付账户向客户本人同名银行账户转账，而Ⅱ类、Ⅲ类不包括。也就是说，如果某人开了个Ⅰ类账户，那么也就是体验一些1 000元以内的转账和支付，然后这个账户就没什么用了，如果想要继续使用这个账户，就必须通过更多的外部渠道验证身份，把它提升至Ⅱ类、Ⅲ类账户，而后两者虽然每年有限额，但是限制的是余额交易，把余额转入自己的银行卡的金额不算在额度内，转多少都可以。

本章思考题

1. 简述电子支付的发展过程。
2. 试论述第三方支付对网上银行的挑战。

第 3 章 电子商务支付系统的安全技术

3.1 信息加密技术

为了保障电子商务支付系统的安全,人们采取了很多安全技术确保交易和支付信息的保密性、完整性和不可抵赖性。本章介绍电子商务支付系统的信息加密技术,主要内容有:信息加密与解密基本知识、对称加密体制、非对称加密体制、数字信封技术、数字签名、电子认证技术以及数据库安全等。

3.1.1 加密与解密

保密学是研究信息系统安全保密的科学,它包含两个分支,即密码学和密码分析学。密码学是对信息进行编码实现隐蔽信息的一门学问,而密码分析学是研究分析破译密码的学问。两者相互对立,又互相促进地向前发展。一般的数据加密模型如图 3.1 所示。

图 3.1 加密和解密

加密的基本思想是伪装明文以隐藏它的真实内容,即将明文 X 伪装成密文 Y,伪装的操作称为加密。其逆过程,即由密文恢复出原明文的过程称为解密。通常所说的密码体制是指一个加密系统所采用的基本工作方式,它的两个基本构成要素是密码算法和密钥。对明文进行加密时所采用的一组规则称为加密算法,它是一些公式、法则或者程序。传送消息的预定对象称为接收者,它对密文进行解密时所采用的一组规则称为解密算法。

加密和解密算法的操作通常都是在一组密钥控制下进行的,分别称为加密密钥和解密密钥。传统密码体制所用的加密密钥和解密密钥相同或实质上等同,即从一个易于得出另一个,称为单钥密码体制或对称密码体制。若加密密钥和解密密钥不相同,从一个难以推出另一个,则称为双钥密码或非对称密码体制。密钥可以看作是密码算法中的可变参数,从数学角度来看,改变了密钥,实际上也就改变了明文与密文之间等价的数学函数关系。密码算法总是设计成相对稳定的,在这种意义上,可以把密码算法视为常量,反之,密钥则是一个变量,可以根据事先约好的规则,或者每逢一个新信息改变一次密钥,或者定时更换一次密钥等。由于种种原因,密码算法实际上很难做到绝对保密,因此现代密码学的一个基本原则是:一切秘密寓于密钥之中。在设计加密系统时,加密密码算法是可以公开的,真正需要保密的是密钥。

在信息传输和处理系统中,非授权者会通过各种办法(如搭线窃听、电磁窃听、声音窃听等)来窃取机密信息。他们虽然不知道系统所用的密钥,但通过分析可能从截获的密文推断出原来的明文或密钥,这一过程称为密码分析。从事这一工作的人称为密码分析员。如前所述,研究如何从密文中推演出明文、密钥或解密算法的学问称为密码分析学。对一个保密系统采取截获密文进行分析的这类攻击称为被动攻击。现代信息系统还可能遭受另一类攻击,即非法入侵者、攻击者或者黑客采用删改、增添、重放、伪造等篡改手段向系统注入假消息,达到利己害人的目的,这是现代信息系统中更为棘手的问题。

早在公元前50年,古罗马的恺撒在高卢战争中就采用过加密方法。我们用最简单的恺撒密码来说明一个加密系统的构成。恺撒密码算法就是把每个英文字母向前推移K位。例如,$K=3$便有明文和密文的对应关系如下:

明文:a b c d e f g h i j k l m n o p q r s t u v w x y z

密文:D E F G H I J K L M N O P Q R S T U V W X Y Z A B C

对明文加密的算法仅仅是用明文字母下面的那个字母代替自身,解密算法则是加密算法的逆过程。例如:

明文:Caesar was a great solider

密文:FDHVDU ZDV D JUHDW VROGLHU

如果用数字$0,1,2,\cdots,25$分别和字母$A,B,C,\cdots,Z$相对应,那么恺撒密码变换实际上是:

$$c = p + k \bmod 26$$

其中,p是明文对应的数据;c是明文对应的密文数据;k是加密用的参数,即密钥。

为了保护信息的保密性,抗击密码分析,保密系统应当满足下述要求。

① 系统即使达不到理论上不可攻破,也应当为实际上不可攻破的。就是说,从截获的密文或某些已知明文密文对,要决定密钥或者任意明文在计算上是不可行的。

② 系统的保密性不依赖于对加密体制或者算法的保密,而依赖于密钥。

③ 加密和解密算法适用于所有密钥空间中的元素。

④ 整个系统便于实现和使用方便。

密码体制从原理上可分为两大类,即对称加密的密码体制和非对称加密的密码体制。

3.1.2 对称密码体制

1. 对称密码概述

对称密钥加密技术也称单钥体制加密技术。在这种技术中,加密方和解密方除必须保证使用同一种加密算法外,还需要共享同一个密钥(如图3.2所示)。由于加密和解密使用同一个密钥,所以,如果第三方获取该密钥就会造成失密。因此,网络中N个用户之间进行加密通信时,需要 $N(N-1)$ 对密钥才能保证任意两方收发密文,第三方无法解密。

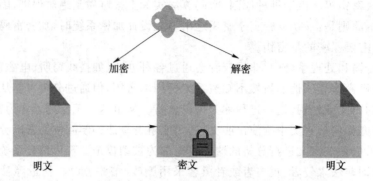

图 3.2　对称密钥加密方法加密和解密使用同一个密钥

对称密码对明文消息加密有两种方式,一种是明文消息按字符(如二元数字)逐位加密,称之为流密码;另一种是将明文消息分组(含多个字符),逐组进行加密,称为分组密码。

① 流密码是密码体制中的一个重要体制,也是手工和机械密码时代的主流。到了 20 世纪 50 年代,数字电路技术的发展使得密钥流可以方便地利用以移位寄存器为基础的电路来产生。由于流密码实现简单、速度快,没有或只有有限的错误传播,使流密码在实际应用中,特别是在专用和机密机构中仍保持优势。

流密码的原理是将明文划分成字符(如单个字母)或其编码的基本单元(如 0、1 数字),字符分别与密钥流作用进行加密,解密时以同步产生的同样的密钥流来实现。流密码强度完全依赖于密钥流产生器所生成序列的随机性和不可预测性,其核心问题是密钥流生成器的设计,保持收发两端密钥流的精确同步是实现可靠解密的关键技术。

目前流密码算法主要应用于欧洲数字蜂窝移动电话系统(GSM)中,该系统采用加密算法 A5、英国通信电子安全组设计的 RAMBUTAN 和 Anderson 在 1994 年参照 A5 设计的 PIKE 算法、由 RSA 安全公司的 Rivest 在 1987 年提出的密钥长度可变流密码 RC-4 快速硬件实现流密码算法,以及广泛用于文档数据压缩程序中的 PKZIP 算法等。

② 分组密码是对固定长度的一组明文进行加密的算法,它将明文按一定的位长分组,明文组和密钥组经过加密运算得到密文组。解密时密文组和密钥组经过解密运算(加密运算的逆运算),还原成明文组。

分组密码的特点是:密钥可以在一定时间内固定,不必每次变换,因此给密钥配发带来了方便。但是,由于分组密码存在着密文传输错误在明文中扩散的问题,因此在信道质量较差的情况下无法使用。

分组密码易于构造拟随机数生成器、流密码、消息认证密码(MAC)和哈希(Hash)函数等,还可进而成为消息认证技术、数据完整性机构、实体认证协议以及对称密钥数字签字体制的核心组成部分。

分组密码中最著名的两个分组密码算法是 DES(data encryption standard)数据加密标准和 IDEA(international data encryption algorithm)国际数据加密算法。

2. 对称密钥算法

(1) DES 算法

DES(data encryption standard,数据加密标准)算法是电子商务系统中最常用的对称密钥加密算法。它由 IBM 公司研制,并被国际标准化组织 ISO 认定为数据加密的国际标准。DES 算法采用 64 位密钥长度,其中 8 位用于奇偶校验,剩余的 56 位可以被用户使用。

DES 加密算法输入 64 位的明文,在 64 位的密钥控制下,经过 16 轮的加密变换,最后得到 64 位的密文。DES 算法的解密与其加密一样,只不过是子密钥的顺序相反。DES 算法的加密解密过程完成的只是简单的算术运算,因此加密速度快,密钥生成容易,能以硬件或软件的方式有效地实现。DES 算法硬件实现的加密速率大约为 20Mbit/s;DES 算法软件实现的速率为 400~500kbit/s。DES 算法专用芯片的加密和解密的速率大约为 1Gbit/s。

DES 算法已被应用于许多需要安全加密的场合,如在银行交易中,DES 用于加密个人身份识别号(PIN)和通过自动取款机(ATM)进行的记账交易。DES 算法颁布之后迅速得到了广泛应用。随着对 DES 算法的实际应用和深入研究,人们发现它存在一些缺点,希望对其进行改进或重新设计新的分组密码。新的分组密码很多,其中最著名的是日本两位学者发明的 FEAL(快速加密数据算法)和我国学者来学嘉与瑞士学者 James Massey 联合发明的 IDEA(国际数据加密标准)。

由于在对称加密体系中加密方和解密方使用相同的密钥,系统的保密性主要取决于密钥的安全性。因此,密钥在加密方和解密方之间传递和分发必须通过安全通道进行,在公共网络上使用明文传递秘密时密钥是不合适的。如果密钥没有以安全方式传送,那么,黑客就很可能截获该密钥,并将该密钥用于信息解密。如何将密钥安全可靠地分配给通信对方,在网络通信条件下就更为复杂,包括密钥产生、分配、存储、销毁等多方面的问题,统称为密钥管理问题。这是影响系统安全的关键因素,即使密码算法再好,若密钥管理问题处理不好,也很难保证系统的安全保密。

(2) 改进的 DES 算法

DES 算法目前已广泛用于电子商务系统中。随着研究的发展,针对以上 DES 算法的缺陷,DES 算法在基本不改变加密强度的条件下,发展了许多变形 DES 算法。人们提出了几种增强 DES 算法安全性的方法,较为常见的是多重 DES 算法。为了增加密钥的长度,人们建议将一种分组密码进行级联,在不同的密钥作用下,连续多次对一组明文进行加密,通常把这种技术称为多重加密技术。对于 DES 算法,人们建议使用三重 DES 算法,将 128bit 的密钥分为 64bit 的两组,对明文多次进行普通的 DES 算法加解密操作,从而增强加密强度。

三重 DES 是 DES 算法扩展其密钥长度的一种方法,可使加密密钥长度扩展到 128bit(112bit 有效)或 192bit(168bit 有效)。

(3) IDEA 算法

1990 年来学嘉和 Massey 开发的 IDEA 密码首次成形,称为 PES,即"建议的加密标准"。次年,根据有关专家对这一密码算法的分析结果,设计者对该算法进行了强化并称为 IPES，即"改进的建议加密标准"。该算法于 1992 年更名为 IDEA，即"国际加密标准"。

IDEA 算法的密钥长度为 128 位。设计者尽最大努力使该算法不受差分密码分析地影响，来学嘉已证明 IDEA 算法在其 8 圈迭代的第 4 圈之后便不受差分密码分析地影响了。假定穷举法攻击有效的话，那么即使设计一种每秒可以试验 10 亿个密钥的专用芯片，并将 10 亿片这样的芯片用于此项工作，仍需 1 013 年才能解决问题；另外，若用 1 024 片这样的芯片，有可能在一天内找到密钥，不过人们还无法找到足够的硅原子来制造这样一台机器。目前，尚无一篇公开发表的试图对 IDEA 进行密码分析的文章。因此就目前来看，可以说 IDEA 是非常安全的。

IDEA 分组密码已在欧洲取得专利，在美国的专利还悬而未决，不存在非商用所需的使用许可证费用问题。

IDEA 算法是一个迭代分组密码，分组长度为 64bit，密钥长度为 128bit。IDEA 算法的软件实现速度与 DES 算法差不多，但硬件实现速度要比 DES 算法快得多，快了将近 10 倍。设计者们声称由 ETH Zurich 开发的一种芯片，采用 IDEA 算法的加密速率可达到 177Mbit/s。

(4) RC5 算法

RC5 算法是由 Ron Rivest（公钥算法 RSA 的创始人之一）在 1994 年开发出来的，其前身 RC4 的源代码在 1994 年 9 月被人匿名张贴到 Cypherpunks 邮件列表中，泄露了 RC4 的算法。

RC5 算法是在 RFC 2040 中定义的，RSA 数据安全公司的很多产品都已经使用了 RC5 算法。它的特点是：分组长度 w、密钥长度 b 和圈数 r 都是可变的，简记为 RC5-$w/r/b$。该密码既适合于硬件实现又适合于软件实现，实现速度非常快，它主要通过数据循环来实现数据的扩散和混淆，每次循环的次数都依赖于输入数据，事先不可预测。

RC5 算法具有以下设计特性。

● 适用于硬件或软件。RC5 只适用建立在微处理器上的原计算操作。

● 快速。为了达到快速的目的，RC5 算法很简单，它面向单词，基本操作是每次对数据的全部字节进行的。

● 适应不同字长的微处理器。字中的位数是 RC5 的参数，不同的字长算法也不同。

● 变化的循环次数。循环次数是 RC5 的第 2 个参数，利用此参数，可以在高速和高安全性之间进行折中。

● 变长密钥。密钥的长度是 RC5 的第 3 个参数，利用它可以在速度和安全性之间进行折中。

● 简单。RC5 的简易结构易于实现，使确定算法强度的工作易于进行。

● 较低的内存需求。较低的内存需求使得 RC5 适合于智能卡和其他内存容量有限的设备。

● 高安全性。RC5 的目的是使用合适的参数来提高安全性。

● 数据相关的循环移位。RC5 合并了循环移位，其移位量依赖于数据，这就加强了算法反分析的强度。

(5) AES 算法

从各方面来看,DES 算法已走到了它生命的尽头。最近的秘密密钥挑战赛已证明 DES 算法的 56 比特密钥太短。虽然三重 DES 算法可以解决密钥长度的问题,但是 DES 算法的设计主要针对硬件实现,而今在许多领域,需要针对软件实现采取相对有效的算法。鉴于此,1997 年 4 月 15 日,美国国家标准与技术研究所(NIST)发起征集 AES(advanced encryption standard)算法的活动,并成立了 AES 工作组。目的是为了确定一个非保密的、公开披露的、全球免费使用的加密算法,用于保护未来的信息安全,同时也希望能够成为新一代的数据加密标准。

1998 年 8 月 20 日,NIST 召开了第一次 AES 候选会议,并公布了 15 个 AES 算法候选者。第二轮评测从 15 个候选算法中选出 5 个,这 5 个候选算法为:MARS、RC6、RIJNDAEL、SERPENT、TWOFISH。最后再在这 5 个优选算法中评选出一个算法作为正式的 AES 标准。NIST 选择了 RIJNDAEL 作为推荐的 AES 算法。

NIST 认为:从全方位考虑,RINDAEL 汇聚了安全、性能、效率、易用和灵活等优点,使它成为 AES 算法最合适的选择。尤其是 RJNDAEL 在无论有无反馈模式的计算环境下的软、硬件中都能显示出其非常好的性能,它的密钥安装时间很好,也具有好的灵敏度;RIJNDAEL 的内存需求很低也使它适合用于受限环境中;RIJNDAEL 的操作简单,并可抵御强大、实时的攻击。此外,它还有许多未被特别强调的防御性能。

3.1.3 非对称密码体制

1. 非对称密码体制概述

非对称密钥加密体制又称双钥加密体制。该加密体制是由 Diffie 和 Hellman 于 1976 年首先提出的,采用双钥体制的每个用户都有一对选定的密钥,一个是公开的,另一个则是秘密的。公开的密钥可以像电话号码一样进行注册公布。

非对称密钥加密技术使用两个不同的密钥,一个用来加密信息,称为加密密钥;另一个用来解密信息,称为解密密钥(如图 3.3 所示)。加密密钥与解密密钥是数学相关的,它们成对出现,但却不能由加密密钥计算出解密密钥。信息用某用户的加密密钥加密后所得到的数据只能用该用户的解密密钥才能解密,因此,用户可以将自己的加密密钥像自己的姓名、电话、E-mail 地址一样地公开。如果其他用户希望与该用户通信,就可以使用该用户公开的加密密钥进行加密。这样,只有拥有解密密钥的用户自己才能解开此密文。

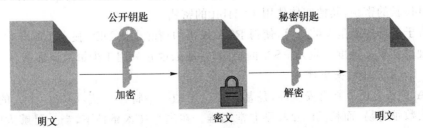

图 3.3 公开密钥加密方法加密和解密使用不同的密钥

当然，用户的解密密钥不能透露给自己不信任的人。所以，用户公开的加密密钥又称为公钥(public key)，用户自己保存的解密密钥又称为私钥(private key)。公开密钥加密技术可以大为简化密钥的管理。

2. 非对称密钥加密算法——RSA 算法

最著名的非对称密钥加密算法是 RSA(RSA 是发明者 Rivest、Shamir 和 Adleman 名字首字母的组合)算法。RSA 算法是一个可以支持变长密钥的公开密钥加密算法，但是它要求所要加密的报文块长度必须小于密钥的长度。因此，RSA 加密算法比较适合于加密数据块长度较小的报文。

非对称密钥加密算法体制的主要特点是将加密和解密分开，因而可以实现多个用户加密的消息只能由一个用户解读，或只能由一个用户加密的消息而使多个用户可以解读。

(1) RSA 算法原理

RSA 算法是基于数论中的同余理论。如果用 m 代表明文，c 代表密文，$E(m)$ 代表加密运算，$D(c)$ 代表解密运算，用 $x \equiv y \pmod{z}$ 表示 x 和 y 模 z 同余，则加密和解密算法简单表示如下。

$$c = E(m) = m^e \pmod{n}$$
$$m = D(c) = c^d \pmod{n}$$

其中，加密密钥 n、e 和解密密钥 n、d 满足以下各项要求。

- 素数 p 和 q（保密的）。
- $n = p \cdot q$（公开的）。
- $\varphi(n) = (p-1) \cdot (q-1)$（即 n 的欧拉函数，保密的）。
- 加密密钥 e（公开的），满足 $0 < e < \varphi(n)$，且 e 和 $\varphi(a)$ 互素。
- 解密密钥 d（保密的），满足 $d \cdot e \equiv 1 \pmod{\varphi(n)}$，即 d 和 e 相对于模 $\varphi(n)$ 互为逆元素。

RSA 公钥密码算法的安全性是基于大数的因子分解，在数学上是一个困难问题，至今仍没有有效算法。虽然公开了加密密钥 n 和 e，但要想求得 e 的逆元素 d（解密密钥），必须对 n 进行因子分解，只要 n 足够大，就是非常困难的。

(2) RSA 算法的不足

- 产生密钥很麻烦，受到素数产生技术的限制，因而难以做到一次一密。
- 分组长度太大，为保证安全性，n 至少也要 600bit 以上，使运算代价很高，尤其是速度较慢，较对称密码算法慢几个数量级，且随着大数分解技术的发展，这个长度还在增加，不利于数据格式的标准化。目前，SET(secure electronic transaction) 协议中要求 CA 采用 2 048bit 长的密钥，其他实体使用 1 024bit 的密钥。
- 由于进行的都是大数计算，使得 RSA 最快的情况也比 DES 慢上 100 倍，无论是软件还是硬件实现。速度一直是 RSA 的缺陷，一般来说它只用于少量数据加密。

(3) RSA 算法的安全性

RSA 算法之所以具有安全性，是基于数论中的一个特性事实，即将两个大的质数合成一个大数很容易，而相反的过程则非常困难。在当今技术条件下，当 n 足够大时，为了找到 d，欲从 n 中通过质因子分解试图找到与 d 对应的 p、q 是极其困难甚至是不可能的。

由此可见，RSA的安全性是依赖于作为公钥的大数 n 的位数长度的。为保证足够的安全性，一般认为现在的个人应用需要用384bit或512bit的 n，公司需要用1024bit的 n，极其重要的场合应该用2048bit的 n。

公钥和私钥都是两个大素数（大于100个十进制位）的函数。据猜测，从一个密钥和密文推断出明文的难度等同于分解两个大素数的积。

RSA的安全性依赖于大数分解，但是否等同于大数分解一直未能得到理论上的证明，也并没有从理论上证明破译。RSA的难度与大数分解难度等价。因为没有证明破解RSA就一定需要做大数分解。假设存在一种无须分解大数的算法，那它肯定可以修改成为大数分解算法，即RSA的重大缺陷是无法从理论上把握它的保密性能如何，而且密码学界多数人士倾向于因子分解不是NPC问题。

目前，RSA的一些变种算法已被证明等价于大数分解。不管怎样，分解 n 是最显然的攻击方法。现在，人们已能分解140多个十进制位的大素数。因此，模数 n 必须选大一些，视具体适用情况而定。

RSA算法的保密强度随其密钥的长度增加而增强。但是，密钥越长，其加解密所耗用的时间也越长。因此，要根据所保护信息的敏感程度与攻击者破解所要花费的代价值不值得以及系统所要求的反应时间来综合考虑，尤其对于商业信息领域更是如此。

（4）RSA算法的实用性

公开密钥密码体制与对称密钥密码体制相比较，确实有其不可取代的优点，但它的运算量远大于后者，超过几百倍、几千倍甚至上万倍，运算过程要复杂很多。在网络上全都用公开密钥密码体制来传送机密信息，是没有必要的，也不现实。在计算机系统中使用对称密钥密码体制已有多年，既有比较简便可靠、久经考验的方法，如以DES（数据加密标准）为代表的分组加密算法，也有一些新的方法发表，如由RSA公司的Rivest研制的专有算法RC2、RC4、RC5等。

在传送机密信息的网络用户双方，如果使用某个对称密钥密码体制（如DES），同时使用RSA不对称密钥密码体制来传送DES的密钥，就可以综合发挥两种密码体制的优点，即DES的高速简便性和RSA密钥管理的方便和安全性。

基于RSA算法的公钥加密系统具有数据加密、数字签名（digital signature）、信息源识别及密钥交换等功能，目前，RSA加密系统主要应用于智能IC卡和网络安全产品。选用RSA算法作为公钥加密系统的主要算法的原因是其安全性好。在模长为1024bit时，可以认为RSA密码系统的可选密钥个数足够多，可以得到随机、安全的密钥对。公钥加密系统多用于分布式计算环境，密钥分配和管理易于实现，局部攻击难以对整个系统的安全造成威胁。

3. 其他非对称密钥算法

（1）ElGamal算法

1985年，ElGamal构造了一种基于离散对数的公钥密码体制，这就是ElGamal公钥体制。因为ElGamal公钥体制的密文不仅依赖于待加密的明文，而且依赖于一个随机参数，用户选择的随机参数不同，即使加密相同的明文，得到的密文也是不同的。由于这种加密算法的非确定性，所以又称其为概率加密体制。在确定性加密算法中，如果破译者对某些关键信息感兴趣,则他可事先将这些信息加密后存储起来,一旦以后截获密文,就可以直接在存储的密文中进行查找,从而求得相应的明文。概率加密体制弥补了这种不足,提高了安全性。

（2）背包公钥算法

背包公钥体制在 1978 年由 Merle 和 Hellman 提出的。背包算法的思路是假定某人拥有大量的物品,重量各不相同,此人通过秘密地选择一部分物品并将它们放到背包中来加密消息。背包中的物品总重量是公开的,所有可能的物品也是公开的,但背包中的物品却是保密的。附加一定的限制条件,给出重量,而要列出可能的物品,在计算上是不可实现的。这就是背包公钥算法的基本思想。

大多数公钥密码体制都会涉及高次幂运算,不仅加密速度慢,而且会占用大量的存储空间。背包问题是熟知的不可计算问题,背包公钥体制以其加密、解密速度快而引人注目。但是,大多数一次背包公钥体制均被破译了,因此很少有人使用它。

（3）椭圆曲线密码技术（ECC）

在公钥密码算法中,1985 年,Koblitz 和 Miller 相互独立地提出了在密码学中应用椭圆曲线的思想,他们分别利用有限域上椭圆曲线的点构成的群实现了离散对数密码算法,由于其自身优点,椭圆曲线密码学一出现便受到关注。现在密码学界普遍认为它将替代 RSA 成为通用的公钥密码算法。SET（secure electronic transactions）协议的制定者已把它作为下一代 SET 协议中默认的公钥密码算法,目前已成为研究的热点。

应用椭圆曲线的数字签名同时可以很容易地使用到小的有限资源的设备中,例如小卡（信用卡大小,包含有微小处理芯片的塑料卡片）。

4. 对称加密与非对称加密算法的比较

对称加密算法是应用较早的加密算法,技术成熟。在对称加密算法中,数据发送方将明文（原始数据）和加密密钥一起经过特殊加密算法处理后,使其变成复杂的加密密文发送出去。接收方收到密文后,若想解读原文,则需要使用加密用过的密钥及相同算法的逆算法对密文进行解密,才能使其恢复成可读明文。在对称加密算法中,使用的密钥只有一个,发、收双方都使用这个密钥对数据进行加密和解密,这就要求解密方事先必须知道加密密钥。对称加密算法的特点是算法公开、计算量小、加密速度快、加密效率高。不足之处是,交易双方都使用同样的密钥,安全性得不到保证。此外,每对用户每次使用对称加密算法时,都需要使用其他人不知道的唯一钥匙,这会使得收发双方所拥有的密钥数量成几何级数增长,密钥管理成为用户的负担。对称加密算法在分布式网络系统上使用较为困难,主要是因为密钥管理困难,使用成本较高。在计算机专网系统中广泛使用的对称加密算法有 DES、IDEA 和 AES。

不对称加密算法使用两把完全不同但又完全匹配的一对钥匙——公钥和私钥。在使用不对称加密算法加密文件时,只有使用匹配的一对公钥和私钥,才能完成对明文的加密和解密过程。加密明文时采用公钥加密,解密密文时使用私钥才能完成,而且发送方（加密者）知道接收方的公钥,只有接收方（解密者）才是唯一知道自己私钥的人。不对称加密算法的基本原理是,如果发送方想发送只有接收方才能解读的加密信息,发送方必须首先知道接收方的公钥,然后利用接收方的公钥来加密原文;接收方收到加密密文后,使用自己的私钥才能解密密文。显然,采用不对称加密算法,收、发双方在通信之前,接收方必须将自己早已随机生成的公钥提供给发送方,而自己保留私钥。由于不对称算法拥有两个密钥,因而特别适用于分布式系统中的数据加密。广泛应用的不对称加密算法有RSA算法和美国国家标准局提出的DSA算法。

3.2 网络传输安全技术

3.2.1 数据传输加密

网络传输过程中的数据安全是整个安全体系安全性的基础。由于Internet最初的设计目的是提供开放的服务,实现资源共享,因而设计者当初未能充分考虑到信息安全问题。而实际上,信息共享和网络安全始终是矛盾的,那么就需要在现有的开放的Internet上解决数据传输的问题,主要的方法有链路加密、节点加密和端到端加密。

1. 链路加密

对于在两个网络节点间的某一次通信链路,链路加密能为网上传输的数据提供安全保证。对于链路加密,所有消息在被传输之前进行加密,每一个节点对接收到的消息进行解密,然后使用下一个链路的密钥对消息进行加密,再进行传输。在消息到达目的地之前,可能要经过许多通信链路的传输。

由于在每一个中间传输节点消息均被解密后重新进行加密,因此,包括路由信息在内的链路上的所有数据均以密文形式出现。这样,链路加密就掩盖了被传输消息的源点与终点。由于填充技术的使用以及填充字符在不需要传输数据的情况下就可以进行加密,这使得消息的频率和长度特性得以掩盖,从而防止对通信业务进行分析。

尽管链路加密在计算机网络环境中使用得相当普遍,但它并非没有问题。链路加密通常用在点对点的同步或异步线路上,它要求先对链路两端的加密设备进行同步,然后使用一种链模式对链路上传输的数据进行加密,这就给网络的性能和可管理性带来副作用。

在线路信号经常不通的海外或卫星网络中,链路上的加密设备需要频繁地进行同步,带来的后果是数据丢失或重传。另外,即使只是小部分数据需要进行加密,也会使所有传输数据被加密。

链路加密仅在通信链路上提供安全性,而在一个网络节点内消息是以明文形式存在的,因此所有节点在物理上必须是安全的,否则就会泄露明文内容。然而保证每一个节点的安全性需要较高的费用,为每一个节点提供加密硬件设备和一个安全的物理环境所需要的费用由以下几部分组成:保护节点物理安全的设备和人员开销,为确保安全策略和程序的正确执行而进行审计的费用,为防止安全性被破坏时带来损失而参加保险的费用。

在传统的加密算法中,用于解密消息的密钥与用于加密消息的密钥相同时,该密钥必须被秘密保存,并按一定规则进行变化。这样,密钥分配在链路加密系统中就成了一个问题,因为每一个节点必须存储与其相连接的所有链路的加密密钥,这就需要对密钥进行物理传送或者建立专用网络设施。而网络节点地理分布的广阔性使得这一过程变得复杂,同时增加了密钥连续分配时的费用。

2. 节点加密

尽管节点加密能给网络数据提供较高的安全性,但它在操作方式上与链路加密相似,两者均在通信链路上为传输的消息提供安全性,都在中间节点先对消息进行解密,然后进行加密。因为要对所有传输的数据进行加密,所以加密过程对用户是透明的。

然而,与链路加密不同,节点加密不允许消息在网络节点以明文形式存在,它先把收到的消息进行解密,然后采用另一个不同的密钥进行加密,这一过程是在节点上的一个安全模块中进行。

节点加密要求报头和路由信息以明文形式传输,以便中间节点能在转发数据包时获得必要的信息,因此这种方法无法防止攻击者对通信业务的分析。

3. 端到端加密

端到端加密允许数据在从源点到终点的传输过程中始终以密文形式存在。采用端到端加密,消息被传输到达终点前不进行解密,因为消息在整个传输过程中均受到保护,所以即使有节点被损坏也不会使消息泄露。

端到端加密系统的价格便宜,并且与链路加密和节点加密相比更可靠,更容易设计、实现和维护。端到端加密还避免了其他加密系统所固有的同步问题,因为每个数据包均是独立被加密的,所以一个数据包所发生的传输错误不会影响后续的数据包。此外,从用户对安全需求的直觉上讲,端到端加密更自然。单个用户可能会选用这种加密方法,以便不影响网络上的其他用户,此方法只需要源和目的节点是保密的即可。

端到端加密系统通常不允许对消息的目的地址进行加密,这是因为每一个消息所经过的节点都要用此地址来确定如何传输消息。由于这种加密方法不能隐藏被传输消息的源点与终点,因此也无法防止攻击者分析通信业务和网络结构。

3.2.2 数字信封

数字信封技术用于保证信息在传输过程中的安全和加密密钥的安全分发。对称密钥加密和非对称密钥加密技术各有其优缺点,对称密钥加密算法效率高,但密钥的分发和管理都很困难;而非对称加密算法的密钥易于管理和传递,但运行效率太低,不适合加密大量的消息,而且它要求被加密的信息块长度要小于密钥的长度。数字信封技术结合了对称加密技术和非对称加密技术各自的优点,克服了对称加密技术中密钥分发和管理困难以及非对称加密技术中加解密效率低的缺点,充分利用了密钥系统的高效性和公钥系统的灵活性,保证信息在传输过程中的灵活性。

1. 数字信封技术的工作过程

数字信封技术首先使用对称加密技术对要发送的消息进行加密,再利用非对称加密技术对密钥系统中使用的密钥进行加密,然后把加密的消息和加密的密钥一起传送给接收方,其工作过程如图 3.4 所示。

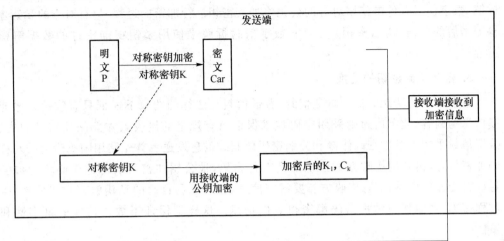

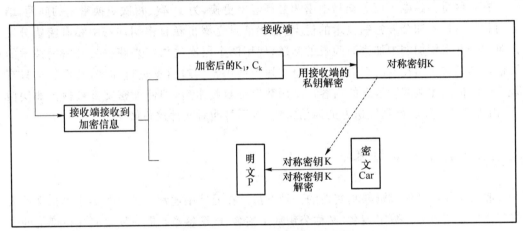

图 3.4　数字信封技术的工作过程

(1) 需要发送信息时,发送方首先生成一个秘密密钥。
(2) 利用生成的秘密密钥和秘密密钥加密算法对要发送的信息加密。
(3) 发送方利用接收方提供的公开密钥对生成的秘密密钥进行加密。
(4) 发送方把加密后的密文通过网络传送给接收方。
(5) 接收方使用公开密钥加密算法,利用自己的私钥将加密的秘密密钥还原成明文。
(6) 接收方利用还原出的秘密密钥,使用秘密密钥加密算法解密被发送方加密的信息,还原出的明文即是发送方要发送的数据信息。

2. 数字信封的实质

数字信封技术实际上是使用双层加密体制,首先对明文进行加密,然后对加密密钥再进行加密。在数字信封中,信息发送方可以采用对称密钥来加密信息内容,然后将此对称密钥用接收方的公开密钥来加密(这部分称数字信封)后,将它和加密后的信息一起发送给接收方,接收方先用相应的私有密钥打开数字信封,得到对称密钥,然后使用对称密钥解开加密信息。这种技术的安全性相当高。数字信封主要包括数字信封打包和数字信封拆解,数字信封打包是使用对方的公钥将加密密钥进行加密的过程,只有对方的私钥才能将加密后的数据(通信密钥)还原;数字信封拆解是使用私钥将加密过的数据解密的过程。

3. 数字信封密钥的更换

数字信封的功能类似于普通信封,普通信封在法律的约束下保证只有收信人才能阅读信息的内容,数字信封则采用密码技术保证只有规定的接收人才能阅读信息的内容。数字信封采用了对称密码体制和公钥密码体制。信息发送者首先利用随机产生的对称密码加密信息,再利用接收方的公钥加密对称密码,被公钥加密后的对称密码称为数字信封。在传递信息时,信息接收方若要解密信息,必须先用自己的私钥解密数字信封,得到对称密码,才能利用对称密码解密得到的信息。这样就保证了数据传输的真实性和完整性。

在一些重要的电子商务交易中密钥必须经常更换,为了解决每次更换密钥的问题,结合对称加密技术和公开密钥技术的优点,数字信封克服了私有密钥加密中私有密钥分发困难和公开密钥加密中加密时间长的问题,使用两个层次的加密来获得公开密钥技术的灵活性和私有密钥技术的高效性。信息发送方使用密码对信息进行加密,从而保证只有规定的收信人才能阅读信息的内容。采用数字信封技术后,即使加密文件被他人非法截获,由于截获者无法得到发送方的通信密钥,故不可能对文件进行解密。

3.2.3 数字签名技术

签名是保证文件或资料真实性的一种方法。在通信中通常用数字签名来模拟文件或资料中的亲笔签名。数字签名(又称公钥数字签名、电子签章)是一种类似写在纸上的普通物理签名,但是使用了公钥加密领域的技术实现,用于鉴别数字信息的方法。一套数字签名通常定义两种互补的运算,一个用于签名,另一个用于验证。

数字签名,是指只有信息的发送者才能产生的别人无法伪造的一段数字串,这段数字串同时也是对信息的发送者发送信息真实性的一个有效证明。

1. 数字签名方法

数字签名的文件完整性是很容易验证的(不需要骑缝章、骑缝签名,也不需要笔迹专家),而且数字签名具有不可抵赖性(不需要笔迹专家来验证)。简单地说,所谓数字签名就是附加在数据单元上的一些数据,或是对数据单元所做的密码变换。这种数据或变换允许数据单元的接收者用以确认数据单元的来源和数据单元的完整性并保护数据,防止被人(如接收者)进行伪造。

基于公钥密码体制和对称密码体制都可以获得数字签名,但基于公钥密码体制的数字签名是最常用的手段。常用的数字签名算法有 RSA、ElGamal 数字签名算法、DES/DSA、椭圆曲线数字签名算法等。此外还有盲签名、代理签名、群签名、不可否认签名、公平盲签名、门限签名、具有消息恢复功能的签名等特殊的数字签名,它们与具体应用环境密切相关。

2. 数字签名的实现

建立在公钥密码技术上的数字签名方法有很多,有 RSA 签名、DSA 签名和椭圆曲线数字签名算法(ECDSA)等。基于公钥算法的签名过程如图 3.5 所示。

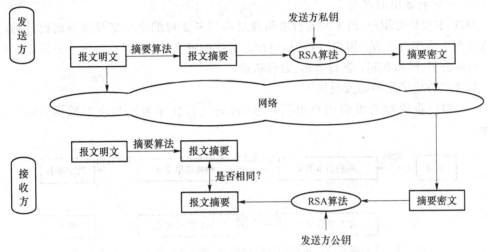

图 3.5 公钥算法签名的过程

(1) 发送方采用某种摘要算法从报文中生成一个 128 位的散列值(称为报文摘要)。

(2) 发送方用某种公钥算法和自己的私钥对这个散列值进行加密,产生一个摘要密文,这就是发送方的数字签名。

(3) 将这个加密后的数字签名作为报文的附件和报文一起发送给接收方。

(4) 接收方从接收到的原始报文中采用相同的摘要算法计算出 128 位的散列值。

(5) 报文的接收方用公钥算法和发送方的公钥对报文附加的数字签名进行解密。

(6) 如果两个散列值相同,那么接收方就能确认报文是由发送方签名的。

最常用的摘要算法称作 MD5(message digest 5),它的作者 R. L. Rivest 正是提出 RSA 算法中的 R。MD5 采用单向 Hash 函数将任意长度的"字节串"变换成一个 128 位的散列值,并且它是一个不可逆的字符串变换算法,换言之,即使看到 MD5 的算法描述和实现它的源代码,也无法将一个 MD5 的散列值变换回原始的字符串。这一个 128 位的散列值亦称为数字指纹,就像人的指纹一样,它就成为验证报文身份的"指纹"了。

如果报文在网络传输过程中被修改,接收方收到此报文后,使用相同的摘要算法将计算出不同的报文摘要,这就保证了接收方可以判断报文自签名到收到为止,是否被修改过。如果发送方 A 想让接收方误认为此报文是由发送方 B 签名发送的,由于发送方 A 不知道发送方 B 的私钥,所以接收方用发送方 B 的公钥对发送方 A 加密的报文摘要进行解密时,也将得出不同的报文摘要,这就保证了接收方可以判断报文是否由指定的签名者发送。同时也可以看出,当两个散列值相同时,发送方 A 无法否认这个报文是他签名发送的。

在上述签名方案中,报文是以明文方式发生的。所以不具备保密功能。如果报文包含机密信息,就需要先进行加密,然后再进行签名。

3. 数字签名在电子商务交易中的应用

下面以一个使用 SET 协议的例子来说明数字签名在电子商务中的作用。SET 协议(secure elecronic transaction,安全电子交易)是由 VISA 和 MasterCard 两大信用卡公司于 1997 年联合推出的规范。

SET 主要针对用户、商家和银行之间通过信用卡支付的电子交易类型而设计的,所以在下例中会出现三方:用户、网站和银行。对应的就有六把"钥匙":用户公钥、用户私钥、网站公钥、网站私钥、银行公钥、银行私钥。

这个三方电子交易的流程如下。

(1) 用户将购物清单和用户银行账号、密码进行数字签名提交给网站,如图 3.6 所示。

图 3.6 用户将购物清单和用户银行账号、密码进行数字签名提交网站

用户账号明文包括用户的账号和密码。

(2) 网站签名认证收到的购物清单,如图 3.7 所示。

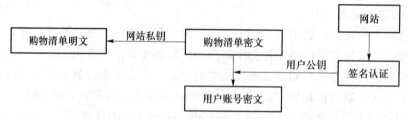

图 3.7 网站签名认证收到的购物清单

(3) 网站将网站申请密文和用户账号密文进行数字签名提交给银行,如图 3.8 所示。

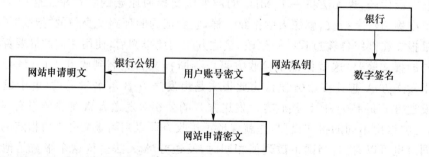

图 3.8 网站将网站申请密文和用户账号密文进行数字签名提交给银行

网站申请明文包括购物清单款项统计、网站账户和用户需付金额。

（4）银行签名认证收到的相应明文,如图 3.9 所示。

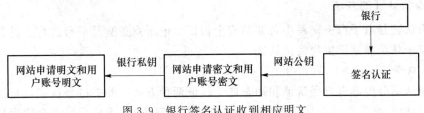

图 3.9　银行签名认证收到相应明文

从上面的交易过程可知,电子商务具有以下几个特点。

① 网站无法得知用户的银行账号和密码,只有银行可以看到用户的银行账号和密码。

② 银行无法从其他地方得到用户的银行账号和密码的密文。

③ 由于数字签名技术的使用,从用户到网站到银行的数据,每一个发送端都无法否认。

④ 由于数字签名技术的使用,从用户到网站到银行的数据,均可保证未被篡改。

可见,数字签名已基本解决电子商务中三方进行安全交易的要求,即便有"四方""五方"等更多方交易,也可以按 SET 协议类推完成。

3.3　认证技术

对电子商务交易的参与方进行身份认证是电子商务认证技术必须解决的问题之一,而验证电子交易过程中传输的数据是否真实完整,是电子商务技术必须解决的另一个问题。因此,建立有效的电子商务认证体系是保证电子商务顺利发展的根本。

3.3.1　身份认证技术概述

传统商务中交易双方面对面交易是通过肉眼识别双方的身份,任何非法的第三方均不可能插足去干扰交易的过程。面对面交易的过程是物理过程,不存在信息传输带来的不安全问题。而电子商务与传统商务的最大不同点就是电子商务中用户不能面对面地进行电子交易,因此,在电子商务中必须采用一定的技术手段来保证交易的安全,这就需要将当前的网络安全认证技术应用到电子商务中。

1. 安全认证在电子商务交易中的重要性

（1）交易双方的身份认证:电子商务交易的前提是双方身份的认证,对实体的认证是一切电子商务开展的基础。

（2）交易双方的传输报文验证:需要从通信的报文中判断发送该报文的一方正是他所声称的那个实体,防止冒充他人身份的欺诈行为。

(3) 交易双方的不可抵赖性：需要通过第三方仲裁机构或者认证中心的介入，帮助解决交易中的一方否认曾经发生过的交易行为的问题。

2. 身份认证的方法

身份认证是电子商务交易中首要的安全保证。电子商务交易平台进行身份认证最常用的有口令认证和基于生物特征认证。

(1) 口令认证

口令认证分为静态口令认证和动态口令认证两种方式。静态口令认证就是传统的用户名密码认证，是最简单的认证方法。采用此类的认证方式，系统为每个合法用户建立一个二元组信息(用户ID、口令)，当用户登录系统时，提示用户输入自己的用户名和口令，系统服务器通过核对用户输入的用户名、口令与系统维护的信息进行匹配来判断用户身份的合法性。这种认证方法操作简单，但是系统安全性极差，一旦口令泄露，安全性将完全丧失。动态口令技术是为解决传统静态口令认证的缺陷而设计的一种认证方式，也称"一次性口令认证"，在认证过程中，用户的密码按照时间或使用的次数不断动态变化，保证一次一密且任何人都无法预知，有效抵御重放攻击行为。这种认证技术有效地保证了用户身份的安全性。

在电子商务交易中，由于密码口令很容易被遗忘或被其他人猜测、破解，相对于其他保密技术，这种认证技术是安全级别较低的一种。

(2) 基于生物特征的身份认证方案

生物特征认证是依赖用户特有的生物信息的一种认证方式。这种认证方式与口令认证最大的不同是，口令认证是依赖用户知道的某个秘密信息，而生物特征认证依赖独一无二的用户特征生物信息，且生物特征很难在个体之间传递。这种认证主要是通过计算机与光学、声学、生物传感器和生物统计学原理等高科技手段密切结合，利用人体固有的生理特性来进行个人身份的鉴定。基于生物学特征的认证包括基于指纹识别的身份认证、基于声音识别的身份认证以及近来流行的基于虹膜识别的身份认证等。目前常用的生物特征是指纹和虹膜，其中指纹应用最广泛。

3. 身份认证协议

身份认证协议是一种特殊的通信协议，它定义了在身份验证的过程中，参与验证的所有通信方所交换报文的格式、报文发生的次序以及报文的语义。大多数身份认证协议都是建立在密码学的基础上。

(1) Kerberos 协议

Kerberos 协议是以可信任的第三方为基础的身份验证协议，采用对称密码体制实现。

完整的 Kerberos 系统包括验证服务器 AS、授予许可服务器 TGS、网络应用服务器 S 以及网络用户 C。

AS 的作用是负责鉴别用户，并为用户提供访问 TGS 的许可证；TGS 负责授权用户，为用户发放访问应用服务器的许可证；S 提供某类网络应用的服务器。

(2) 报文验证

报文验证是指当两个通信实体建立通信联系后，每个通信实体对收到的报文信息进行验证,以保证收到的信息是真实可靠的。报文验证必须确定,报文的确是由确认的发送方发送的,即报文的来源验证。报文内容在传输过程中没有被修改过,即报文的完整性验证。

传统的方法是计算报文的奇偶和循环冗余校验(CRC),即发送方计算校验和,并将计算结果附加在要发送的报文后面,接收方在收到报文后,以与发送方同样的算法计算奇偶校验和,如果所得结果和发送方的相同,则表明报文在传输过程中未出现任何差错。

这种校验方式也带来相应的问题:目的是防止在链路层通信时由于物理的因素导致报文在传输中出错,未考虑到在网络环境下非法攻击者的主动"干扰"传输的报文。

目前的报文验证主要采用基于散列函数的报文摘要算法。

3.3.2 认证中心

CA(certificate authority)也称为电子证书认证中心,是承担网上电子安全交易认证服务,为实体签发数字证书,确认用户身份的第三方权威机构。

1. 认证中心的职能

认证机构的核心职能是发放和管理用户的数字证书。

(1) 核发证书

认证中心接受个人、单位的数字证书申请,核实申请人的各项资料是否真实,根据核实情况决定是否颁发数字证书。

(2) 证书更新

证书使用是有期限的,在证书发放签字时都规定了失效日期,具体使用期的长短由CA根据安全策略来定。过期证书应及时更换,密钥对也需要定期更换。

(3) 证书撤销

证书的撤销可以有许多理由,如发现、怀疑私钥被泄露或检测出证书已被篡改,则CA可以提前撤销或暂停使用该证书。

(4) 证书验证

证书是通过信任分级层次体系(通常称为证书的树形验证结构)来验证的。每一个证书与签发数字证书的机构的签名证书关联。

2. CA 的树形验证结构

CA 的树形验证结构如图 3.10 所示。

3. 我国认证中心现状

我国安全认证体系(CA)可分为金融 CA 与非金融 CA 两种类型来处理。

在金融 CA 方面,根证书由中国人民银行管理,根认证管理一般是脱机管理,品牌认证中心采用"统一品牌、联合建设"的方针进行。

在非金融 CA 方面,最初主要由中国电信负责建设。

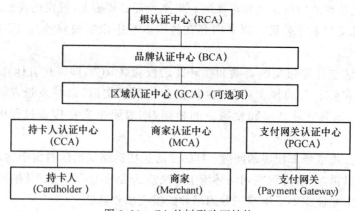

图 3.10 CA 的树形验证结构

(1) 中国金融认证中心(CFCA)

CFCA 是全国唯一的金融根认证中心,由中国人民银行负责统一规划管理,中国工商银行、中国银行、中国农业银行、中国建设银行、交通银行、招商银行、中信实业银行、华夏银行、广东发展银行、深圳发展银行、光大银行、民生银行和福建兴业银行共十三家商业银行联合建设,由银行卡信息交换总中心承建,建立了 SETCA 和 Non-SETCA 两套系统,于 2000 年 6 月 29 日正式开始为全国用户提供证书服务。

在管理分工上,中国人民银行负责管理根认证中心 CFCA,并负责审批、认证统一的品牌认证中心。一般脱机进行。品牌认证中心由成员银行接受中国人民银行的委托建设、运行和管理,建立对最终持卡人、商业用户和支付网关认证证书的审批、管理和认证等工作,其中管理包括证书申请、补发、重发和注销等内容。

(2) 广东 CA 及"网证通"(NETCA)系统

广东省电子商务认证中心是国家电子商务的试点工程,其前身是中国电信南方电子商务中心,创立于 1998 年。2001 年 1 月,广东省电子商务认证中心的"网证通"电子认证系统通过国家公安部计算机信息系统安全产品质量监督检测,被认定为安全可信的产品。2001 年 8 月,国家密码管理委员会办公室批准广东省电子商务认证中心使用密码和建立密钥管理中心,成为国内提供网络安全认证服务的重要力量。

(3) 上海 CA(SHECA)

上海 CA 成立于 1998 年,专门从事信息安全技术认证和安全信任服务以及相关产品的研发和整合,提供包括安全设计、安全评估(风险评估)、安全检测(入侵检测、审计)、漏洞扫描、安全敏感数据托管、电子举证、公正时间戳等服务。

(4) 国内目前主要的电子商务认证中心

- 北京数字证书认证中心。
- 深圳市电子商务认证中心。
- 广东省电子商务认证有限公司。
- 海南省数字证书认证中心。
- 湖北省数字证书认证管理中心有限公司。

- 上海市数字证书认证中心有限公司。
- 中国数字认证网。
- 山西省电子商务安全认证中心。
- 中国金融认证中心。
- 天津电子商务运作中心。
- 天威诚信 CA 认证中心。

3.3.3 数字证书

1. 数字证书概述

数字证书是由证书认证中心(CA)签署并颁发的,包含公钥及其所有者信息的文件,互联网用户可以通过该证书验证公钥所有者的信息,并使用证书中包含的公钥及身份认证协议,对公钥所有者进行身份认证。数字证书由权威机构——CA 颁发并进行数字签名,保证证书内容的真实性和完整性。数字证书实质上是一条数字签名的消息,用于证明某个实体公钥的有效性。数字证书采用标准的数据结构和格式,最简单的证书包含一个公开密钥、名称、有效期以及 CA 中心的数字签名。

以数字证书为核心的密码技术可以对网络上传输的信息进行加密和解密、数字签名和签名验证,确保网上传递信息的机密性、完整性以及交易的不可抵赖性。

2. 数字证书结构

数字证书的类型有很多种:X.500 公钥证书、简单 PKI (simple pubic key infrastructure)证书、PGP(pretty good privacy)证书、属性(attribute)证书。

现在大多数的数字证书都建立在 ITU-T X.509 标准基础之上。如图 3.11 给出了 X.509 版本 3 的证书结构。

版本号	序列号	签名算法	颁发者	有效期	主体	主体公钥信息	颁发者唯一标识符	扩展	签名

图 3.11　X.509 版本 3 的证书结构

下面简单介绍证书格式中的各个字段。

版本号:表示证书的版本,如版本 1、版本 2、版本 3。

序列号:由证书颁发者分配的本证书的唯一标识符。

签名算法:签名算法是由对象标识符加上相关参数组成的标识符,用于说明本证书所用的数字签名算法。例如,SHA-1 和 RSA 的对象标识符就用来说明该数字签名是利用 RSA 对 SHA-1 杂凑加密。

颁发者:证书颁发者的可识别名,这是必须说明的。

有效期:证书有效的时间段,本字段由两项组成:在此日期前无效和在此日期后无效。即证书有效的第一天和最后一天。日期分别由 UTC 时间或一般的时间表示,RFC 2459 中有详细的时间表示规则。

主体:证书拥有者的可识别名,此字段必须非空。

主体公钥信息:主体的公钥以及算法标识符,这是必须说明的。

颁发者唯一标识符:证书颁发者的唯一标识符仅在版本 2 和版本 3 中要求,属于可选项。该字段在实际应用中很少使用,RFC 2459 也不推荐使用。

扩展:可选的标准和专用功能字段。

签名:认证机构的数字签名等。

3. 数字证书的工作原理

数字证书是证明实体公钥有效性的方法,并且将来有可能成为在企业网络中提供唯一登录能力的机制。数字证书工作原理采用公钥体制(利用一对互相匹配的密钥进行加密、解密)。每个用户自己设定一把特定的仅为本人所知的私有密钥(私钥),用它进行解密和签名;同时设定一把公开密钥(公钥)并由本人公开,为一组用户所共享,用于加密和验证签名。当发送一份保密文件时,发送方使用接收方的公钥对数据加密,而接收方则使用自己的私钥解密,这样信息就可以安全无误地到达目的地了。通过数字的手段保证加密过程是一个不可逆的过程(只有用私有密钥才能解密)。在公开密钥密码体制中,常用的一种是 RSA 体制。其数学原理是将一个大数分解成两个质数的乘积,加密和解密用的是两个不同的密钥。即使已知明文、密文和加密密钥(公开密钥),想要推导出解密密钥(私密密钥),在计算上是不可能的。按当下计算机技术水平,要破解 1 024 位 RSA 密钥,需要上千年的计算时间。公开密钥技术解决了密钥发布的管理问题,商户可以公开其公开密钥,而保留其私有密钥。购物者可以用人人皆知的公开密钥对发送的信息进行加密,安全地传送给商户,然后由商户用自己的私有密钥进行解密。

用户也可以采用自己的私钥对信息加以处理,由于密钥仅为本人所有,这样就产生了别人无法生成的文件,也就形成了数字签名。采用数字签名,能够确认以下两点:

● 保证信息是由签名者自己签名发送的,签名者不能否认或难以否认。

● 保证信息自签发后到收到为止未曾作过任何修改,签发的文件是真实文件。

4. 数字证书在银行电子支付中的应用——U 盾

U 盾是工商银行 2003 年推出并获得国家专利的客户证书 USBKey,是网上银行交易过程中进行数字签名和电子认证的工具,它外形酷似 U 盘,安全性能如一面盾牌,所以命名为 U 盾。U 盾内置微型智能卡处理器,采用 1 024 位非对称密钥算法对网上数据进行加密、解密和数字签名,确保网上交易的保密性、真实性、完整性和不可否认性。

使用 U 盾有三个步骤。

第一步:安装驱动程序。

如果是第一次在计算机上使用个人网上银行,需要首先下载安装个人网上银行控件,然后安装 U 盾驱动程序。

第二步:下载证书信息。

证书客户第一次登录个人网上银行,计算机将会有安全提示从 Personal ICBC CA 中颁发根证书,该根证书用于验证工商银行 CA 颁发的数字证书。相应的证书驱动安装完毕后,在正式使用个人网上银行其他功能之前,首先登录个人网上银行,然后单击"安全中心"选择"U盾管理"功能,在"U盾自助下载"栏目中下载个人客户数字证书到U盾中。

第三步,办理支付业务。

登录个人网上银行之后,如需办理转账、汇款、缴费等对外支付业务,只要按系统提示将U盾插入计算机的USB接口,输入U盾密码,交易过程中的各种数字签名和认证操作在U盾内完成,由于私钥等机密信息不经过计算机主机的处理,大大减少了泄露的风险,保障了支付业务的安全。

3.3.4 公钥基础设施

公钥基础设施PKI(pubic key infrastructure)是由公开密钥密码技术、数字证书、证书认证中心和公钥安全策略等共同组成,管理密钥和证书的系统或平台,是建立安全网络环境的基础设施。

1. PKI的组成

PKI主要包括四个部分:X.509格式的证书和证书撤销列表CRL、CA操作协议、CA管理协议、CA策略。一个典型、完整、有效的PKI应用系统至少应具有以下四个部分。

① 认证中心CA。它是PKI的核心,CA负责管理PKI结构下的所有用户(包括各种应用程序)的证书,实现用户公钥和用户信息的关联,还要负责用户证书的撤销登记和撤销列表的发布。

② X.500目录服务器。X.500目录服务器用于发布用户的证书和证书撤销信息,用户可通过标准的LDAP协议查询自己或其他人的证书和下载证书撤销列表。

③ 具有高强度密码算法的安全WWW服务器。使用SSL(secure sockets layer)协议来鉴别网站服务器和浏览器端用户的身份,以及在浏览器和服务器之间进行加密通信,保证客户端和服务器端数据的机密性、完整性、身份验证。

④ PKI策略。它包括遵循的技术标准、各CA之间的上下级或同级关系、安全策略、安全程度、服务对象、管理原则和框架等,以及认证规则、运作制度、所涉及的各法律关系内容以及技术的实现等。

2. PKI在电子支付中的应用

Web(world wide web)页面是电子支付通常采用的方式。为了解决Web的安全问题,采用SSL协议,在传输层和应用层之间建立一个安全通信层,在两个实体间实现对应用层透明的安全通信。利用PKI技术,SSL协议允许在浏览器和服务器之间进行加密通信。此外还可以利用数字证书保证通信安全,服务器端和浏览器端分别由可信的第三方颁发数字证书,这样在交易时,双方可以通过数字证书确认对方的身份。需要注意的是,SSL协议本身并不能提供对不可否认性的支持,这部分的工作必须由数字证书完成。结合SSL协议和数字证书,PKI技术可以保证Web交易多方面的安全需求。

PKI技术是解决电子商务安全问题的关键,综合PKI的各种应用可以建立一个可信和安全的网络。

3.4 数据库安全概述

3.4.1 数据库安全的重要性

(1) 保护敏感信息和数据资源。大多数企业、组织以及政府部门的电子数据都保存在各种数据库中。他们用这些数据库保存一些个人资料,比如员工薪水、银行账号、信用卡号码、医疗记录等。数据库服务器还掌握着敏感的金融数据,包括交易记录、商业事务和账号数据。还有战略上专业的信息,比如专利和工程数据,甚至市场计划等应该保护起来防止竞争者和其他人非法获取的资料。

(2) 同数据库系统紧密相关并且更难正确地配置和保护。数据库应用程序通常都同操作系统的最高管理员密切相关。比如 Oracle、Sybase、ms SQL Serer 数据库系统都有下面这些特点:用户账号和密码、认证系统、授权模块和数据对象的许可控制、内置命令(存储过程)、特定的脚本和程序语言(通常派生自 SQL)、中间件、网络协议、补丁和服务包、数据库管理和开发工具。许多 DBA(database administrator,数据库管理员)都全天工作来管理这些复杂的系统。但是,安全漏洞和配置不当通常会造成严重的后果,而且都难以发现。一些安全公司也忽略数据库安全,数据专家也不把安全作为主要职责。"网络安全适应性"哲学——把安全当作持续过程而不是一次性的检查,还没有被数据库管理员认可。

(3) 网络和操作系统的安全被认为非常重要,但是却不这样对待数据库服务器。安全专家认为这是一种普遍现象,他们认为只要把网络和操作系统的安全搞好了,那么所有的应用程序也就安全了。现在的数据库系统有很多方面被误用或者有漏洞影响到安全。而且这些关系数据库都是"端口"型的,这就表示任何人都能够用分析工具试图连接到数据库上,而绕过操作系统的安全机制。比如,Oracle 7.3 和 Oracle 8 使用的端口是 1521 和 1526。大多数数据库系统也有公开的默认账号和默认密码,这两个特性大大危害着数据库的安全。

(4) 少数数据库安全漏洞不仅威胁数据库的安全,也威胁到操作系统和其他可信任的系统。这也是为什么数据库安全很重要的原因,因为有些数据库提供机制威胁着网络安全底层。比如,某公司的数据库里面保存着所有技术文档、手册和白皮书,即使运行在一个非常安全的操作系统上,入侵者也可能通过数据库获得操作系统权限,只需要执行一些内置在数据库中的扩展存储过程,这些存储过程能提供一些执行操作系统命令的接口,而且能访问所有的系统资源,如果这个数据库服务器还同其他服务器建立着信任关系,那么,入侵者就能够对整个系统的安全产生严重威胁。

(5) 数据库是电子商务、ERP 系统和其他重要的商业系统的基础。许多电子交易和电子商务的焦点都放在 Web 服务、Java 和其他技术上,那么对于以关系数据库为基础的客户系统和 B2B 系统,数据库就显得更加重要。数据库安全将直接关系到系统可靠性、数据事务完整性和保密性。系统如果出现问题,将不仅仅对交易产生影响,同时也影响着公司的形象。这些系统需要对所有合作伙伴和客户信息的保密性负责,但是它们又同时是对入侵者开放的。另外,ERP 和像 SAPR/3 这样的管理系统都是建立在一些基本数据库系统上的。数据库安全问题将直接同维护时间、系统完整性和客户信任密切相关。

传统数据库安全主要集中在用户账号、规则和操作许可(比如对表和存储过程的访问权)上。而实际上,一个完全的数据库安全分析包含的范围要大得多,包括所有可能范围内的漏洞评定。下面是一些类别。

① 软件风险:软件本身漏洞、错过操作系统补丁、脆弱的服务和不安全的默认配置等。

② 管理风险:提供的安全选项不正确操作、默认设置、不正确地给其他用户提供权限、没有得到许可的系统配置改变等。

③ 用户行为风险:密码不够长、不恰当的数据访问和恶意操作(偷窃数据结构)等。

这些风险类别也同样适用于网络服务、操作系统。当加强数据库安全的时候,所有的因素都应该考虑。

3.4.2 数据库安全的含义

数据库系统安全包含两层含义。

第一层是指系统运行安全,系统运行安全通常受到的威胁包括以下内容。

① 法律、政策的保护,如用户是否具有合法权利、政策是否允许等。

② 物理控制安全,如机房加锁等。

③ 硬件运行安全。

④ 操作系统安全,如数据文件是否被保护等。

⑤ 灾害、故障恢复。

⑥ 死机的避免和解除。

⑦ 电磁信息泄漏防止。

一些网络不法分子通过网络、局域网等途径入侵计算机使系统无法正常启动,或让机器超负荷运行大量算法,并关闭 CPU 风扇,使 CPU 过热烧坏等破坏性活动。

第二层是指系统信息安全,它包括以下内容。

① 用户口令鉴别。

② 用户存取权限控制。

③ 数据存取权限、方式控制。

④ 审计跟踪。

⑤ 数据加密。

系统安全通常受到的威胁包括:黑客对数据库入侵,并盗取想要的资料。

3.4.3 数据库的安全特性

数据库系统的安全特性主要是针对数据而言的,包括数据独立性、数据安全性、数据完整性、并发控制、故障恢复等几个方面。

1. 数据独立性

数据独立性包括物理独立性和逻辑独立性两个方面。物理独立性是指用户的应用程序与存储在磁盘上的数据库中的数据是相互独立的,逻辑独立性是指用户的应用程序与数据库的逻辑结构是相互独立的。

2. 数据安全性

操作系统中的对象一般情况下是文件,而数据库支持的应用要求更为精细。通常比较完整的数据库对数据安全性采取以下措施。

① 将数据库中需要保护的部分与其他部分相隔。
② 采用授权规则,如账户、口令和权限控制等访问控制方法。
③ 对数据进行加密后存储于数据库。

3. 数据完整性

数据完整性包括数据的正确性、有效性和一致性。正确性是指数据的输入值与数据表对应域的类型一样;有效性是指数据库中的理论数值满足现实应用中对该数值段的约束;一致性是指不同用户使用的同一数据应该是一样的。保证数据的完整性,需要防止合法用户使用数据库时向数据库中加入不合语义的数据。

4. 并发控制

如果数据库应用要实现多用户共享数据,就可能在同一时刻有多个用户要存取数据,这种事件称作并发事件。当一个用户取出数据进行修改,在修改存入数据库之前如有其他用户再取此数据,那么读出的数据就是不正确的。这时就需要对这种并发操作施行控制,排除和避免这种错误的发生,保证数据的正确性。

5. 故障恢复

由数据库管理系统提供一套方法,可及时发现故障和修复故障,从而防止数据被破坏。数据库系统能尽快恢复数据库系统运行时出现的故障,可能是物理上或是逻辑上的错误。比如对系统的误操作造成的数据错误等。

3.4.4 数据库的安全防护

1. 数据库的安全风险

(1) 突破脚本的限制

例如,某网页上有一文本框,允许输入用户名称,但是它限制只能输入 4 个字符。许多程序都是在客户端限制,然后用消息弹出框弹出错误提示。如果攻击时需要突破此限制,只需要在本地做一个一样的主页,只是取消了限制,通常是去掉 VBScript 或 JavaScript 的限制程序,就可以成功突破。如果是 JavaScript 做的,可临时把浏览器的脚本支持关掉。有经验的程序员常常在程序后台再做一遍检验,如果有错误就用 response、write 或类似的语句输出错误。

(2) SQL 注入

SQL 注入攻击指的是通过构建特殊的输入作为参数传入 Web 应用程序,而这些输入大都是 SQL 语法里的一些组合,通过执行 SQL 语句进而执行攻击者所要的操作,其主要原因是程序没有细致地过滤用户输入的数据,致使非法数据侵入系统。

根据技术原理,SQL 注入可以分为平台层注入和代码层注入。前者由不安全的数据库配置或数据库平台的漏洞所致;后者主要是由于程序员对输入未进行细致的过滤,从而执行了非法的数据查询。基于此原理,SQL 注入的产生原因通常表现在以下几方面:

① 不当的类型处理;

② 不安全的数据库配置;

③ 不合理的查询集处理;

④ 不当的错误处理;

⑤ 转义字符处理不合适;

⑥ 多个提交处理不当。

例如,管理员的账号密码都是 admin,如果后台的数据库查询语句是:

user=request("user")

passwd=request("passwd")

sql='select admin from adminbate where user='&'''&user&'''&' and passwd='&'''&passwd&'''

那么使用'or 'a'='a 来做用户名密码的话,查询就变成了:

select admin from adminbate where user="or 'a'='a' and passwd="or 'a'='a'

这样的话,根据运算规则,这里一共有 4 个查询语句,那么查询结果就是:假 or 真 and 假 or 真。先算 and 再算 or,最终结果为真,这样就可以进入后台了。

(3) 利用数据库管理和配置的疏漏

SQL Server 安装完成后会自动创建一个管理用户 sa,密码为空,很多人安装完成后没有修改密码,这样就留下了一个极大的安全问题。

程序中的连接一般有两种,用 global.asa 或是 SSL 文件。SSL 文件一般习惯放到 Web 的/include 或/inc 目录下,而且文件名常会是 conn.inc、dbconn.inc 等,很容易猜到。如果这个目录没有禁读,只要猜到文件名就可以了,因为.inc 一般不会去做关联的,直接请求不是下载就是显示源文件。

2. 数据库的安全配置

数据库在进行安全配置之前,首先必须对操作系统进行安全配置,保证操作系统处于安全状态。然后对要使用的操作数据库软件(程序)进行必要的安全审核,如 ASP、PHP 等脚本,这是很多基于数据库的 Web 应用常出现的安全隐患。对于脚本主要是过滤问题,需要过滤一些类似",;@ /"等字符,防止破坏者构造恶意的 SQL 语句。下面以目前使用相对较多的 SQL Server 2012 为例来说明数据库的安全控制措施。

(1) SQL Server 身份验证

SQL Server 提供了两种对用户进行身份验证的模式,即 Windows 身份验证模式和混合验证模式。默认模式是 Windows 身份验证模式,其使用的是操作系统的身份验证机制对需要访问服务器的凭据进行身份验证，从而提供了很高的安全级别。而基于 SQL Server 和 Windows 身份验证模式的混合验证模式，允许基于 Windows 和基于 SQL Server 的身份验证。混合模式创建的登录名没有在 Windows 中创建，这可以实现不属于企业内的用户通过身份验证，并获得访问数据库中安全对象的权限。当使用 SQL Server 登录时，SQL Server 将用户名和密码信息存储在 Master 数据库中。在决定身份验证方式时，需要确定用户将如何连接到数据库。如果 SQL Server 和数据库用户属于同一个活动目录系列，则推荐使用 Windows 身份验证以简化创建和管理登录名的过程。反之，则需要考虑使用基于 SQL 的登录名来实现用户的身份验证。

在生产环境中尽量不要使用 sa 用户，特别是多人具有管理权限时更要多加注意。因为多人使用 sa 账号登录，则不能使用审核功能与特定的操作员进行关联，一旦出现操作上的问题，则无法问责。

(2) 使用安全的账号策略

由于 SQL Server 不能更改 sa 用户名称，也不能删除这个超级用户，所以，我们必须对这个账号进行最强的保护，当然，包括使用一个非常稳健的密码。最好不要在数据库应用中使用 sa 账号，只有在没有其他方法登录到 SQL Server(如当其他系统管理员不可用或忘记了密码)时才使用 sa。建议数据库管理员新建立一个拥有与 sa 一样权限的超级用户来管理数据库。安全的账号策略还包括不要让管理员权限的账号泛滥。

如果数据库管理员不希望系统管理员通过操作系统登录来接触数据库的话，可以在账号管理中把系统账号"BUILTIN\Administrators"删除。不过这样做的结果是一旦 sa 账号忘记密码的话，就没有办法恢复了。很多主机使用数据库应用只是用来做查询、修改等简单功能，一般根据实际需要分配账号，并赋予仅仅能够满足应用要求和需要的权限。比如，只要查询功能的，那么就使用一个简单的公共账号能够查询就可以了。

(3) 加强数据库日志的记录

审核数据库登录事件的"失败和成功"，在实例属性中选择"安全性"，将其中的审核级别选定为全部，这样在数据库系统和操作系统日志里面，就详细记录了所有账号的登录事件。定期查看 SQL Server 日志检查是否有可疑的登录事件发生，或者使用 DOS 命令。

(4) 管理扩展存储过程

在多数应用中根本用不到太多系统的存储过程，而 SQL Server 的诸多系统存储过程只是用来适应广大用户需求的，因为有些系统的存储过程容易被人利用来提升权限或进行破坏，所以可以删除不必要的存储过程。

(5) 使用协议加密

SQL Server 使用的 tabular data stream 协议来进行网络数据交换，如果不加密，所有的网络传输都是明文的，包括密码、数据库内容等，这是一个很大的安全威胁。所以，在条件允许的情况下，最好使用 SSL 来加密协议。

(6) 防止探测数据库的端口

默认情况下，SQL Server 使用 1433 端口监听，虽然可以修改 SQL Server 的配置来改变这个端口，但是通过 1434 端口的 UDP 探测仍然可以很容易地知道 SQL Server 使用的端口。为了解决这个问题，可以在实例属性中选择 TCP/IP 协议的属性，选择隐藏

SQL Server 实例。如果隐藏了 SQL Server 实例,则将禁止对网络上现有的 SQL Server 实例的客户端所发出的广播做出响应。这样,别人就不能用 1434 端口来探测 SQL Server 的端口了。

(7) 修改 TCP/IP 使用的端口

在上一步配置的基础上,更改原默认的 1433 端口。在实例属性中选择网络配置中的 TCP/IP 协议的属性,将 TCP/IP 使用的默认端口变为其他端口。

上面主要介绍了一些 SQL Server 的安全配置,经过以上的配置,可以让 SQL Server 本身具备足够的安全防范能力。当然,更主要的还是要加强内部的安全控制和管理员的安全培训,而且保障数据库的安全是一项长期性工作,需要以后进行更多的安全维护。

3. 数据库加密

(1) 数据库加密的特点

一般而言,数据库系统提供的上述安全配置基本能够满足一般的数据库应用,但对于一些重要部门或敏感领域的应用,仅靠上述这些措施是难以完全保证数据安全性的,某些用户尤其是一些内部用户仍可能非法获取用户名、口令或利用其他方法越权使用数据库,甚至可以直接打开数据库文件来窃取或篡改信息。因此,有必要对数据库中存储的重要数据进行加密处理,以实现数据存储的安全保护。

数据库加密系统要求将明文数据加密成密文数据,数据库中存储密文数据,查询时将密文数据取出解密得到明文信息。

较之传统的数据加密技术,数据库加密系统有其自身的要求和特点。传统的加密以报文为单位,加解密都是从头至尾地顺序进行。数据库数据的使用方法决定了它不可能以整个数据库文件为单位进行加密。当符合检索条件的记录被检索出来后,就必须对该记录迅速解密,然而该记录只是数据库文件中随机的一段,无法从中间开始解密,除非从头到尾进行一次解密,然后再去查找相应的这个记录,显然这样做是不切实际的。必须解决随机地从数据库文件中某一段数据开始解密的问题。

数据库加密的特点体现在如下几个方面。

① 数据库加密系统应采用公开密钥。传统的加密系统中,密钥是秘密的,知道的人越少越好。一旦获取了密钥和密码体制就能攻破密码,解开密文。而数据库数据是共享的,有权限的用户随时需要密钥来查询数据。因此,数据库密码系统宜采用公开密钥的加密方法。

② 多级密钥结构。数据库关系运算中参与运算的最小单位是字段,查询路径依次是库名、表名、记录名和字段名。因此,字段是最小的加密单位。也就是说当查得一个数据后,该数据所在的库名、表名、记录名、字段名都应是可知的,对应的库名、表名、记录名、字段名都应该具有自己的子密钥,这些子密钥组成了一个能够随时加/解密的公开密钥。

③ 加密机制。有些公开密钥体制的密码,如 RSA 密码,其加密密钥是公开的,算法也是公开的,但是其算法是各不相同,而作为数据库密码的加密算法不可能因人而异,因为寻找这种算法有其自身的困难和局限性,机器中也不可能存放很多种算法,因此这类典型的公开密钥的加密体制不适合数据库加密。数据库加/解密密钥应该是相同的、公开的,而加密算法应该是绝对保密的。

④ 加密算法。加密算法是数据加密的核心,一个好的加密算法产生的密文应该频率平衡,随机无重码规律,周期很长而又不会产生重复现象。窃密者很难通过对密文频率、重码等特征的分析获得成功。同时,算法必须适应数据库系统的特性,加/解密反应迅速。

(2) 数据库加密的范围

数据加密通过对明文进行复杂的加密操作,以达到无法发现明文和密文之间、密文和密钥之间的内在关系,也就是说经过加密的数据经得住操作系统和数据库管理系统的攻击。另一方面,数据库管理系统要完成对数据库文件的管理和使用,必须具有能够识别部分数据的条件。因此,只能对数据库中的数据进行部分加密,而以下内容则不能加密。

① 索引字段不能加密。为了达到迅速查询的目的,数据库文件需要建立一些索引。不论是字典式的单词索引,还是 B 树索引或 Hash 函数索引等,它们的建立和应用必须是明文状态,否则将失去索引的作用。

② 关系运算的比较字段不能加密。DBMS 要组织和完成关系运算,参加并、差、积、商、投影、选择和连接等操作的数据一般都要经过条件筛选,这种"条件"选择项必须是明文,否则 DBMS 将无法进行比较筛选。例如,要求检索工资在 1 000 元以上的职工人员名单,"工资"字段中的数据若加密,SQL 语句将无法辨认比较。

③ 表间的连接码字段不能加密。数据模型规范化以后,数据库表之间存在着密切的联系,这种相关性往往是通过"外部编码"联系的,这些编码若加密就无法进行表与表之间的连接运算。

(3) 数据库加密对数据库管理系统原有功能的影响

目前 DBMS 的功能比较完备,特别像 Oracle、SQL Server 这些采用 Client/Server 结构的数据库管理系统,具有数据库管理和应用开发等功能。然而,数据库数据加密以后,DBMS 的一些功能将无法使用。

4. 数据库的恢复

恢复也称为重载或重入,是指当磁盘损坏或数据库崩溃时,通过转储或卸载的备份重新安装数据库的过程。

数据库的恢复大致有以下两种办法。

① 周期性地对整个数据库进行转储,把它复制到备份介质(如磁带)中,作为后备副本,以备恢复之用。转储通常又可分为静态转储和动态转储。静态转储是指转储期间不允许对数据库进行任何存取、修改活动。而动态转储是指在存储期间允许对数据库进行存取或修改。

② 对数据库的每次修改都记下修改前后的值,写入"运行日志"数集中,它与后备副本结合,可有效地恢复数据库。

日志文件是用来记录对数据库每一次更新活动的文件。在动态转储方式中必须建立日志文件,后备副本和日志文件综合起来才能有效地恢复数据库。在静态转储方式中,也可以建立日志文件。当数据库毁坏后可重新装入后备副本把数据库恢复到转储结束时刻的正确状态。然后利用日志文件,把已完成的事务进行重新处理,对故障发生时没完成的事务进行撤销处理。这样不必重新运行那些已完成的事务程序,即可把数据库恢复到故障前某时刻的正确状态,如图 3.12 所示。

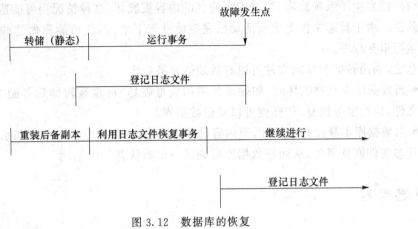

图 3.12 数据库的恢复

下面介绍如何登记日志文件以及发生故障以后如何利用日志文件恢复事务。

(1) 登记日志文件(Logging)

事务运行过程中,系统把事务开始、事务结束(包括 COMMIT 和 ROLLBACK)以及对数据库的插入、删除、修改等每一个操作作为一个登记记录(Log 记录)存放到日志文件中。每个记录包括的主要内容有:执行操作的事务标识、操作类型、更新数据的旧值(对拆入操作而言,此项为空值)、更新后的新值(对删除操作此项为空)。

登记的次序严格按照并行事务执行的时间次序,同时遵循"先写日志文件"的规则。因为写一个修改到数据库和写一个表示这个修改的 Log 记录到日志文件中是两个不同的操作,有可能在这两个操作之间发生故障,即这两个操作只完成了一个。如果先写了数据库修改,而在运行记录中没有登记下这个修改,则以后就无法恢复这个修改了。因此为了安全应该先写日志文件,即首先把 Log 记录写在日志文件上,然后写数据库的修改。这就是"先写日志文件"的原则。

(2) 事务恢复

利用日志文件恢复事务的过程分为以下两步。

第一,扫描日志文件,找出哪些事务在故障发生时已经结束(这些事务有 BEGINT-RAN SACTION 和 COMMIT 记录),哪些事务尚未结束(这些事务只有 BEGINTRANS ACTION,无 COMMIT 记录)。

第二,对尚未结束的事务进行撤销(也称为 UNDO) 处理,对已经结束的事务进行重做(REDO)。

进行 UNDO 处理的方法是:反向扫描日志文件,对每个 UNDO 事务的更新操作执行反操作。即对已经插入的新记录执行删除操作,对已删除的记录重新插入,对修改的数据恢复旧值(即用旧值代替新值)。

进行 REDO 处理的方法是:正向扫描日志文件,重新执行登记。

对于非正常结束的事务显然应该进行撤销处理,以消除可能对数据库造成的不一致性。对于正常结束的事务也需要进行重做处理,这是因为虽然事务已发出 COMMIT 操作请求,但更新操作有可能只写到了数据库缓冲区(在内存),还没来得及物理地写到数据库(外存)便发生了系统故障,数据库缓冲区的内容被破坏,这种情况仍可能造成数据库的不一致性。由于日志文件上更新活动已完整地登记下来,因此可能重做这些操作而不必重新运行事务程序。

总之,利用转储和日志文件可以有效地恢复数据库。

- 当数据库本身被破坏时(如硬盘故障和病毒破坏)可重装转储后备副本,然后运行日志文件,执行事务恢复,这样就可以重建数据库。
- 当数据库本身没有被破坏,但内容已经不可靠时(如发生事务故障和系统故障),可利用日志文件恢复事务,从而使数据库回到某一正确状态。

本章思考题

1. 简述如何发送一份加密的文件。
2. 简述数字证书可以在哪些方面应用。

第4章 电子商务支付系统的网络安全

4.1 网络安全基础

4.1.1 网络安全现状

近年来,随着 Internet 的飞速发展,计算机网络的资源共享进一步加强,随之而来的信息安全问题日益突出。据美国 FBI 统计,美国每年网络安全问题所造成的经济损失高达 75 亿美元。而全球平均每 20 秒就发生一起 Internet 计算机入侵事件。国家互联网应急中心发布的《2015 年中国互联网网络安全报告》显示,2015 年互联网应急中心共接收境内外报告的网络安全事件 12 916 起,较 2014 年增长了 125.9%。其中,境内报告网络安全事件 12 424 起,较 2014 年增长了 128.6%;境外报告网络安全事件 492 起,较 2014 年下降 43.9%。发现的网络安全事件中,数量排前三位的类型分别是网页仿冒事件(占 59.8%)、漏洞事件(占 20.2%)和网页篡改事件(占 9.8%)。2015 年,互联网应急中心共成功处理各类网络安全事件 125 815 起,较 2014 年的 56 072 起增长 124.4%。

在 Internet/Intranet(因特网/内联网)的大量应用中,Internet/Intranet 安全面临着重大的挑战,事实上,资源共享和安全历来是一对矛盾。在一个开放的网络环境中,大量信息在网上流动,这为不法分子提供了攻击目标。而且计算机网络形式的多样性、终端分布的广泛性和网络的开放性、互联性等特征更为他们提供便利。他们利用不同的攻击手段,获得访问或修改在网络中流动的敏感信息,闯入用户或政府部门的计算机系统,进行窥视、窃取、篡改数据。不受时间、地点、条件限制的网络诈骗,其"低成本和高收益"又在一定程度上刺激了犯罪的增长,使得针对计算机信息系统的犯罪活动日益增多。

4.1.2 网络安全概念

1. 网络安全的定义和特点

国际标准化组织(ISO)将计算机网络安全定义为:"为数据处理系统建立和采取的技术与管理的安全保护,保护网络系统的硬件、软件及其系统中的数据不因偶然的或者恶意的原因而遭受到破坏、更改、泄露,系统连续可靠、正常地运行,网络服务不中断。"

上述计算机安全的定义包含物理安全和逻辑安全两方面的内容,其逻辑安全的内容可理解为我们常说的网络上的信息安全,是指对信息的保密性、完整性和可用性的保护。从广义来说,凡是涉及网络上信息的保密性、完整性、可用性、真实性和可控性的相关技术和理论,都是网络安全的研究范畴。

网络安全应具有以下5个方面的特征。

- 保密性:信息不泄露给非授权用户、实体或过程,或供其利用的特性。
- 完整性:数据未经授权不能进行改变的特性,即信息在存储或传输过程中保持不被修改、不被破坏和丢失的特性。
- 可用性:可被授权实体访问并按需求使用的特性,即当需要时能否存取所需的信息。例如网络环境下拒绝服务、破坏网络和有关系统的正常运行等都属于对可用性的攻击。
- 可控性:对信息的传播及内容具有控制能力。
- 可审查性:出现安全问题时能提供依据与手段。

当然,网络安全的具体含义会随着"角度"的变换而变化。例如,从用户(个人、企业等)角度,他们希望涉及个人隐私或商业利益的信息在网络上传输时受到机密性、完整性和真实性的保护,避免其他人利用窃听、冒充、篡改、抵赖等手段侵犯用户的利益和隐私。从网络运行和管理者角度说,他们希望对本地网络信息的访问、读写等操作受到保护和控制,避免出现"陷门"、病毒、非法存取、拒绝服务和网络资源非法占用以及非法控制等威胁,制止和防御网络黑客的攻击。对安全保密部门来说,他们希望对非法的、有害的或涉及国家机密的信息进行过滤和防堵,避免机要信息泄露,避免对社会产生危害,对国家造成巨大损失。从社会教育和意识形态角度来讲,网络上不健康的内容,会对社会的稳定和人类的发展造成阻碍,必须对其进行控制。

2. 网络攻击

网络攻击的方法可以划分为被动攻击和主动攻击。被动攻击企图了解或利用信息系统但不影响系统资源,主动攻击则试图改变系统资源或影响系统操作。

(1)被动攻击

被动攻击(如图4.1a所示)的本质是窃听或监视数据传输。攻击者的目标是获取传输的数据信息。被动攻击的两种形式是消息内容泄露攻击和流量分析攻击。

消息内容泄露攻击很容易理解。电话交谈、电子邮件消息和传输文件中都有可能包含敏感或机密信息。需要防止攻击者获悉这些传输信息。

另一种被动攻击即流量分析攻击更加巧妙。假设有一种方法可以掩盖消息内容或其他信息,使得即使攻击者获得了消息,他们也不能从消息中提取出有用的信息。通常用来掩盖内容的方法是加密。如果已经适当地做了加密保护,攻击者仍然有可能观察到这些消息的模式,攻击者可以推测出通信双方的位置和身份,并且观察到交换信息的频率和长度。这些信息对于猜测发生过的通信的一些性质很有帮助。

被动攻击非常难以检测,因为它们根本不改变数据。典型情况是消息传输的发送和接收都工作在一个非常正常的模式下,因此无论是发送者还是接收者都不知道有第三方已经阅读了消息或者观察到了流量模式。尽管如此,防范这些攻击还是切实可行的,通常使用加密的方法来实现。因此,对付被动攻击的重点是防范而不是检测。

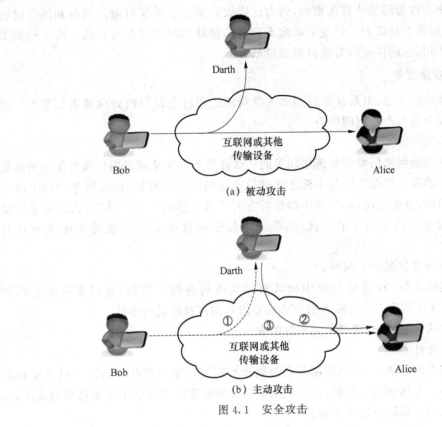

图 4.1　安全攻击

(2) 主动攻击

主动攻击(如图 4.1b 所示)包含数据流的改写和错误数据流的添加,它可以划分为四类:假冒、重放、改写消息和拒绝服务。

假冒发生在一个假冒成另一个不同实体的场合(图 4.1b 路径② 是活跃的)。假冒攻击通常包含其他主动攻击形式中的一种。例如,攻击者首先俘获若干认证序列,并在发生一个有效的认证序列之后,重放这些捕获到的序列,这样就可以使一个具有较少特权的经过认证的实体,通过模仿一个具有其他特权的实体而得到这些额外的特权。

重放涉及被动获取数据单元并按照它之前的顺序重新传输,以此来产生一个非授权的效应(路径①、②、③ 是活跃的)。

简单地说改写消息是指合法消息的某些部分被篡改,或者消息被延迟、被重排,从而产生非授权效应(路径①、② 是活跃的)。例如,一条含义为"允许 John smith 读取机密文件 accounts"的消息被篡改为"允许 Fred brown 读取机密文件 accounts"。

拒绝服务可以阻止或禁止对通信设备的正常使用或管理(路径③ 是活跃的)。这个攻击可能有一个特殊的目标:比如一个实体可能禁止把所有消息发到一个特定的目的地(例如,安全审计服务)。另一种拒绝服务的形式是对整个网络的破坏,使网络瘫痪或消息过载从而丧失网络性能。

主动攻击表现出与被动攻击相反的特征。被动攻击虽然难以检测,却有方法去防范它。而防范主动攻击却是非常困难的,因为这样做需要一直对所有通信设备和路径进行物理保护,但检测主动攻击并恢复主动攻击造成的损坏和延时却是可行的。由于检测本身具有威慑作用,它同样可以对防范做出贡献。

3. 网络安全服务

安全服务的定义是:由系统提供的对系统资源进行特定保护的处理或通信服务。这些服务可以划分为六类特定的服务。

(1) 认证

认证服务与确保通信可信是密切相关的。认证服务的功能就是向接收者保证消息是来自他所要求的源。例如终端与主机之间进行连接初始化的时候,认证服务确保了两个实体都是可信的,也就是说,每个实体都是对方所要求连接的一方。其次,认证服务还要确保连接不会受非法第三方的干扰,如第三方假冒成其中某个合法的实体来与对方通信。

认证服务通常包括如下两种。

- 对等实体认证:在通信过程中确认对等实体的身份。例如,通信系统中的两个TCP模块,在连接的建立阶段或者数据传输阶段对实体身份进行确认。
- 数据源认证:提供对数据单元来源的确认。

(2) 访问控制

在网络安全的环境中,访问控制是指限制和控制通过通信链路来访问主机系统和应用程序的能力。为达到这个目的,每个试图获取访问权限的实体必须先要被识别或认证,这样才能把访问权限赋予这些实体。

(3) 数据机密性

机密性是保护被传输的数据不会遭受被动攻击。就传输数据的内容来说,保护可以分为几个层次。最广义地服务保护在一定时期内两个用户之间传输的所有数据。例如,当两个系统之间建立了 TCP 连接之后,这种安全保护措施会防止在 TCP 连接上传输的任何用户数据的泄露。狭义的服务形式包含对这个消息甚至是消息内特定字段的保护。

(4) 数据完整性

完整性服务确保消息接收时与发送时一致,未被复制、插入、改写、重排序或者重放。面向连接的完整性服务主要致力于防止消息流改写和拒绝服务。另外,处理单个消息而不考虑任何更大环境的连接的完整性服务一般只提供针对消息改写的保护措施。

正如机密性一样,数据完整性同样可以被应用于消息流、单个消息或消息内部的所选字段。同样,最有效和直接的方法是对整个消息流的保护。

(5) 不可抵赖性

不可抵赖性防止发送者(或者接收者)否认发送(或接收)过一个已经传输的消息。因此,当消息发送之后,接收者能够证明发送者发送了此条消息。同样,在消息接收后,发送者也能证明接收者的确接收了此条消息。

(6) 可用性服务

可用性定义为在接收到授权系统实体的命令时,系统资源根据系统性能规范所表现出来的可访问性和可用性(例如,无论用户何时需要,系统总能提供服务,那么这个系统就是可用的)。多种攻击手段可能导致可用性缺失或者下降。系统可以对其中一些攻击采用自动对策进行修正(如认证和加密),而其他的攻击则需要物理措施去防止分布式系统元件的可用性缺失,并对其进行恢复。

可用性服务保护系统以确保它的可用性。这项服务主要致力于解决拒绝服务攻击引起的安全问题,它与适当的管理和控制系统资源有关,因此也与访问控制服务和其他安全服务有关。

4.2 网络攻击技术

4.2.1 网络安全信息收集

网络安全信息收集是指攻击者对网络信息和网络脆弱性的搜索与判断,是攻击不可缺少的步骤。网络安全信息收集的对象主要包括网络的拓扑结构、主机地址、打开的服务端口和服务程序的版本等技术方面的信息,也包括管理员姓名、爱好、电子邮件地址等非技术方面的信息。攻击者可以根据这些信息判断可能存在的网络与系统弱点。攻击者也可以用软硬件工具自动进行搜集和判断,当前这类工具手段主要是网络扫描。

网络安全信息收集的主要方法包括以下五类。

1. 网络扫描

网络扫描是指扫描系统向网络设备主动发送一些探测数据包,根据返回的数据包得到被扫描设备的情况。多数网络调查技术都可以用网络扫描的方式实现,但网络扫描系统在构造方法上有其独到之处。当前,扫描工具主要包括一些扫描软件系统,这些软件,能够进行扫描的原因是:它们既可以在网络通信协议栈的较高层次发送和接收数据包,如通过主机平台普遍支持的套按字(socket)方式发送和接收 TCP/IP 通信包,也可以以非正常的方式在网络通信协议栈的较低层次发送自制的数据包和接收返回的数据包,从而获取被扫描系统的相关信息。

当前,扫描软件可以扫描的对象包括各类操作系统、网络设备与服务,扫描的类别主要包括:端口扫描及服务探测、后门探测、拒绝服务漏洞探测、本地权限提升漏洞探测、远程漏洞(包括远程权限获取、远程越权获得文件、远程执行代码)探测、防火墙漏洞探测及敏感信息泄露漏洞探测等。

例如,SYN 扫描可以确定一个服务进程是否开启。扫描方主动向被扫描方的一个端口发起连接请求,即发送一个有 SYN 标志位的 TCP 连接包,如果被扫描方的这个端口是开放的,扫描方将会收到对方返回的 SYN/ACK 标志位的 TCP 应答包,表明被扫描方的这个端口处于活动状态,说明对应的服务是开放的。如果被扫描方的服务未开放,则扫描方会收到有 RST 标志的 TCP 重置包。

2. 直接访问

对准备进行攻击的系统,攻击者一般可以通过直接访问的方法了解一些基本的平台和配置信息。例如,通过访问 Web 系统,攻击者可以通过主页是 asp 文件了解到系统采用的是 Windows 系列的操作系统和 IIS 系列的 WWW 服务,通过直接利用远程登录程序 Telnet 也可以截获系统的返回信息,方法是在 Telnet 后面加上地址和端口号,一些服务进程在得到连接请求后立刻返回一些版本等信息,这可以从 Telnet 程序中直接截获。

例如,利用远程登录命令 Telnet 可以获得邮件服务的情况。Internet 上的邮件服务一般采用简单邮件传送服务协议(SMTP,simple mail transfer protocol),其中约定服务端口为 25,为了得到 SMTP 服务的软件版本,甚至所在平台的操作系统类型,可以在控制台执行以下远程登录命令:

＞telnet mail.mydomain.com 25

得到:

220 mail.mydomain.com (Mail 8.22 96304-6) NT-ESMTP Server X1

这说明邮件服务器是 Mail 8.22,采用的操作系统是 Windows 系列产品。

3. 网络拓扑探测

利用网络扫描系统也能探测到一些网络的拓扑结构信息,但往往不够全面和直接。对攻击者来说,完全有可能使用网络管理手段获得网络的拓扑结构。当前,主要的网络通信协议是 TCP/IP,这类网络的管理协议是 SNMP(simple network management protocol),它得到了计算机、路由器、交换机等设备厂商的广泛支持。SNMP 支持的主要操作包括 Read 和 Write,分别面向读、写设备的基本信息,尤其是,相关的信息用特定的数字标识代表,是公开的,在权限允许的条件下,任何人均可以读、写这些数据。在 SNMP v1.0 中,只要知道所谓的"共同体名称"(community name)并在操作中申明,就可以访问这些信息,几乎没有安全性。虽然 SNMP v3.0 已经提供了基于密码技术的认证机制,但当前的问题在于,由于实施更加复杂,很多网络设备没有进行相应的配置,因此实际的安全性仍然存在较大问题。

4. 利用网络协议

网络互连、信息共享均需要相关的网络协议,这些协议也可以被利用。例如,TCP/IP 协议族中的 ICMP 允许在网络设备和不同主机协议栈之间进行控制消息的通信,实现网络状态的查询和通知。但 ICMP 也为网络信息搜集提供了手段,潜在的攻击者可以用常用的 ping 命令判断一个网络中哪些主机是可以连通的,这些命令向这些主机发送 ICMP 的 Echo 数据包后,被连接的主机按照 ICMP 将返回 Echo Reply 数据包。有些主机提供了一些服务,但若不能对 ping 命令等发起的 ICMP 连接进行响应,则一般可以判断安装了防火墙,否则没有安装。另外,不同操作系统对 ICMP 的时间戳请求和地址掩码请求的回应略有不同,这可以帮助探测者确认被攻击系统的操作系统。

5. 利用网络协议和系统弱点

一些探测手段往往是常规的网络管理方法,但一些网络协议和系统在设计和实现上存在安全隐患,这可能使它们为探测者提供更多非常规的手段。例如,Windows 2000 的空会话(null session)用于在多个管理域之间进行通信,但这个空会话可以不经过认证就建立,因此可以被网络调查利用,用于搜集 Windows 网络的基本情况。另外,IIS 4.0 和 IIS 5.0 服务器也曾被报道会泄露内部地址和主机名,调查者获得这些信息的方法是:当这些 IIS 服务正在使用 SSL 时,向连接到服务器的端口发送一个 HTTP 请求,则可以收到这些信息。

4.2.2 口令攻击

口令攻击是指攻击者试图获得其他人的口令而采取的攻击,这里一般不包括对口令协议的攻击。枚举口令是一种最直接的攻击方法,它逐一列举可能的口令,在线或离线地进行测试,其中,离线攻击需要提前获得相关的验证方法和数据。但是,直接枚举的代价显然是极其高的,需要强大的计算设备,因此,破解方法普遍利用了口令的可能特征或不当的使用方法。

1. 词典生成

词典生成攻击使用一个字库生成猜测的口令,这些字库中存放了一些可以组成口令的词根,用于在一定的规则下组成猜测的口令。由于词根的选取参照了人们编制口令常用的习惯,是经过大量统计得到的,因此,用这些词根组成的猜测很有可能在更短的时间内得到正确的结果。

任何形式下的口令猜测攻击都需要以存在能够验证猜测正确的手段为前提。本节前面提到,这可以分为在线和离线两种情况。对于在线的情况,一般利用是否登录成功这一事件为验证手段。离线攻击需要通过其他途径获得系统的账户数据,在 Windows 系统和 UNIX/Linux 系统中是容易的,这些系统将用户口令的单向杂凑或加密值存储在容易得到的文件中,为词典攻击提供了便利。一个介于离线和在线之间的特殊情况是:在一个系统中的某个用户可以在自己的登录会话中运行口令攻击程序,获得其他用户的口令。

口令破解程序采用词典攻击的方法生成猜测的口令,它生成口令的方式包括:
- 单个模式,根据用户名、昵称等个人信息结合已有的词根进行匹配;
- 字库模式,将字库中的词根根据一定的组合与变形规则生成猜测的口令;
- 增长模式,按照一定的字符组合顺序穷举所有的口令;
- 外部模式,允许用户编写自己的匹配规则进行口令匹配。

当前,多数系统均采用了适当的防护措施抵制口令攻击。对于在线攻击,防护措施主要是:在要求用户输入正常口令的基础上,限制错误口令的输入次数,并让用户输入计算机系统难以自动识别的临时序列码,它一般通过图像发送给登录者,自动登录程序难以识别,因此,在线攻击仅仅适用于未采用这些防护措施的系统。为抵制离线的词典攻击,当前的主要操作系统采用了加密存储或安全性得到提高的登录方案。例如,Windows 2000 及其以后的系列操作系统可以采用加密的口令数据库,这样,攻击者若不能获得密钥,则难以验证口令猜测的正确性。

2. 口令截收和欺骗

虽然当前的操作系统等系统软件大多采用了更安全的登录方案,但很多应用系统的口令登录系统的安全性不强,甚至允许明文口令在网络上传输,如邮件系统、数据库系统等,这使得攻击者仍可以通过网络监视的方式截获口令。尤其是截获的口令可以为编制新的口令词典提供依据,使攻击者可能通过较不重要的口令获得更重要的口令。攻击者在操作系统中也可能搜集其他用户的口令,当前的 Web 服务普遍采用 Cookie 文件记录客户与服务器之间的会话情况,为了帮助用户更方便地登录系统,这类文件往往直接记录了口令,因此也是潜在的口令泄露源头。

利用技术欺骗的方法可以使攻击者更轻易地获得口令,这些欺骗主要包括使用恶意网页和恶意邮件。恶意网页是指包含恶意 AxtiveX 等动态技术的网页,它们需要从服务器下载到客户浏览器中运行,在提供动态效果的同时,恶意的 AxtiveX 控件可能会盗取 Cookie 文件或账户信息。恶意邮件一般附带一个可执行附件或本身就是一个包含恶意 AxtiveX 控件的网页,有的用户警惕性不高,可能会打开这样的附件,而一些邮件接收客户端程序会自动打开这类网页,并下载执行 AxtiveX 控件。

3. 非技术手段

非技术手段是指用非信息技术的手段获得口令或口令的编制规律。当前,由于需要登录过多的系统,一些用户均将口令记录在文件、手机或笔记本中,并且经常查看,因此很容易被窃取。另外,一个人的生日、电话号码、姓名等也是口令猜测的重要依据,口令编制的规律也和用户的母语紧密相关,但这些都必须依靠其他学科的知识或经验进行规律总结,因此对信息技术来说属于非技术手段。

4.2.3 拒绝服务攻击

拒绝服务攻击(DoS, denial of service)是指攻击者通过发送大量的服务或操作请求,致使服务程序出现难以正常运行的情况。拒绝服务攻击很早就出现了,当前已经出现了大量的方法和工具,本小节将它们分为四类进行介绍。

1. 利用系统漏洞

利用系统漏洞的拒绝服务攻击类似于普通的网络攻击。由于这些服务在设计、实现或配置上存在漏洞,攻击者利用发送特定的网络包使服务停止或进入不正常状态。

2. 利用网络协议

一些网络协议的设计完全没有考虑到 DoS 攻击的存在,在缺乏其他保护的情况下,DoS 攻击可以利用这些弱点发送大量网络连接请求或虚假的广播询问包等,引起网络通信的拥塞。值得注意的是:这类攻击往往利用了网络协议需要资源开销的环节,有些甚至是较大开销的环节,而攻击系统一般通过非常规的方法减小自己的开销。主要的方法包括:在 TCP/IP 协议栈的低层制造并发送大量的连接请求包,使被攻击系统分配必要的内存和计算资源,进行应答并进入等待状态,但实际攻击者已经完全脱离了这个会话,利用少量的广播包引起大量网络设备的响应,造成网络拥塞。因此,大多数这类攻击所需要的代价一般比被攻击者付出的代价小得多,其中,攻击代价主要体现在攻击者所需要的带宽、运算能力等方面。但当攻击者需要完全使被攻击系统失效时,也往往需要更大的带宽。

例如,SYN Flood 攻击。攻击者主动向被攻击者发送大量的 TCP 连接请求,即发送 SYN 连接包,但并不完成协议中规定的 3 次握手过程;被攻击系统在返回 AYN/ACK 包并分配相应的资源后,等待完成 3 次握手过程,当接收了大量的类似请求后,一般不能再正常地进行常规的服务了。值得注意的是:由于攻击者无须完成 3 次握手,所以无须接收 AYN/ACK 包,因此也没有必要在 SYN 连接包中使用真实的 IP 地址。

3. 利用合理服务请求

攻击者可以利用大量合理的服务请求攻击一个系统,这些攻击包括网页下载、服务登录、文件上传等,但这显然要求攻击方的带宽和计算能力等资源要多于被攻击方攻击才能取得比较明显的效果。

4. 分布式拒绝服务攻击

分布式拒绝服务(DDos, distributed denial of service)攻击使用或控制多台计算机对同一个目标实施上述的各种拒绝服务攻击,使攻击在资源上占据了更大的优势,自 2000 年以来,DDos 攻击已经成为主要的 DoS 攻击。据报道,2000 年 2 月,黑客对美国各大网站的 DDoS 攻击造成了十几亿美元的损失。

4.2.4 缓冲区溢出攻击

当一个主机系统运行时,一般将内存划分为三个部分:程序段、数据段和堆栈段,如图 4.2 所示。程序段用于存储程序运行代码和一些只读数据,一般由指令指针(IP, instruction pointer)指向当前程序正要执行的指令;数据段用于存储程序运行所需的各种静态和动态数据;堆栈段可以用于临时分配内存,尤其是在执行函数调用时,堆栈用于缓存调用参数、返回地址、基地址指针(BP, base poiner)和局部变量等,这些数据的存储区被称为缓冲区,其中,BP 用于记录堆栈指针(SP, stack pointer)以前的值。需要特别指出,堆栈的内存分配顺序是从高地址到低地址,遵照"先入后出"的原则,这样安排有利于系统充分利用全部内存。

图 4.2 一般计算机系统的内存组成结构

缓冲区溢出攻击属于针对主机系统的攻击,它利用了以上的堆栈结构,通过在以上缓冲区写入超过预定长度的数据造成所谓的溢出,破坏了堆栈的缓存数据,使程序的返回地址发生变化,系统有可能发生意想不到的情况,或者转而去执行攻击者预先设置的代码,这些代码的执行往往具有与当前用户相同的权限。

4.3　防火墙技术

随着网络的发展,网上的资源也越来越丰富,网络的开放性、共享性、互联程度也随之扩大。虽然网络的发展为人们带来了许多方便,但也带来了更多网络安全问题。那么如何保护网络资源和设备的安全,其中防火墙技术是一项非常重要的安全措施。

4.3.1　防火墙的概念

防火墙是组织实施网络安全策略的主要技术手段之一,防火墙是一个网络安全设备或由多个硬件设备和相应软件组成的系统,位于不可信的外部网络和被保护的内部网络之间,目的是保护内部网络不遭受来自外部网络的攻击和执行规定的访问控制策略。它一般具有的特性还包括,所有的内网到外网与外网到内网的通信都经过它。只有满足内部访问控制策略的通信才允许通过,系统本身具有较高的计算和通信处理能力。

防火墙的主要功能包括:过滤不安全的服务和通信,如禁止对外部 ping 命令的响应、禁止内部网络违规开设的信息服务或信息泄露;禁止未授权用户访问内部网络,如不允许来自特殊地址的通信、不允许对外部连接进行认证等;控制对内网的访问方式,如只允许外部访问连接网内的 WWW、FTP 和邮件服务器,而不允许访问其他主机记录相关的访问事件,提供信息统计、预警和审计功能。

值得注意的是,随着防火墙技术的发展,防火墙的功能也在逐渐扩展,包括防止内部信息泄露的功能,这样的一些设备也被称为"防水墙",这里将这些功能也归入防火墙的功能范围。另外,防火墙也越来越多地和路由器、虚拟专用网(VPN, virtual private network)等系统结合在一起。

4.3.2　防火墙的功能

防火墙目前已经成为保护计算机网络安全的一项重要措施。它是一种隔离控制技术,在某个机构的网络和不安全的网络(如 Internet)之间设置屏障,阻止对信息资源的非法访问,也可以使用防火墙阻止重要信息从企业的网络上被非法输出(如图 4.3 所示)。防火墙可以是软件,也可以是硬件,或者是两者的结合。通常企业为了维护内部的信息系统安全,在企业网和 Internet 间设立防火墙,它可以允许或禁止一类具体的 IP 地址访问,也可以接收或拒绝 TCP/IP 上的某一类具体的应用。

防火墙对流经它的网络通信进行扫描,以过滤掉一些攻击,同时可以关闭不使用的端口或者禁止特定端口的通信流出,禁止来自特殊站点的访问,从而防止来自不明入侵者的所有通信。

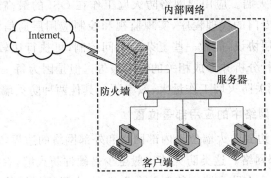

图 4.3　防火墙示意图

4.3.3　防火墙的分类

按照不同的标准防火墙可以进行不同的分类。

1. 按照防火墙软硬件的实现形态分类

① 软件防火墙。软件防火墙运行于特定的计算机上,需要客户预先安装好计算机操作系统的支持,一般来说这台计算机就是整个网络的网关,俗称"个人防火墙"。软件防火墙就像其他的软件产品一样需要先在计算机上安装并做好配置才可以使用。

② 硬件防火墙。硬件防火墙是由防火墙软件和运行该软件的特定计算机构成的防火墙。目前市场上大多数防火墙都是这种硬件防火墙,它们都基于 PC 架构,和普通家庭用的 PC 没有太大区别。在这些 PC 架构计算机上运行一些经过裁剪和简化的操作系统,最常用的有老版本的 UNIX、Linux 和 FreeBSD 系统。

③ 芯片级防火墙。芯片级防火墙基于专门的硬件平台,没有操作系统。专有的 ASIC 芯片促使它们比其他种类的防火墙速度更快,处理能力更强,性能更高。这类防火墙本身的漏洞比较少,不过价格相对比较昂贵。

2. 按照防火墙在网络协议栈进行过滤的层次

① 包过滤防火墙。包过滤防火墙工作在 OSI 网络参考模型的网络层和传输层,可以获取 IP 层和 TCP 层信息,也可以获取应用层信息。它根据数据报报头源地址、目的地址、端口号和协议类型等标志确定是否允许其通过。只有满足过滤条件的数据报才被转发到相应的目的地,其余数据报则从数据流中丢弃。

包过滤技术的优点是简单实用,实现成本低,在应用环境比较简单的情况下,能够以较小的代价在一定程度上保证系统的安全。但包过滤技术无法识别基于应用层的恶意侵入,如恶意的 Java 小程序以及电子邮件中附带的病毒。有经验的黑客很容易伪造 IP 地址,骗过包过滤型防火墙。

② 电路级网关防火墙。电路级网关防火墙用来监控内部网络服务器与不受信任的外部主机间的 TCP 握手信息,以此来决定该会话是否合法。电路级网关是在 OSI 模型的会话层上过滤数据报,其层次比包过滤防火墙高。

③ 应用层网关防火墙。应用层网络防火墙工作在 OSI 的最高层应用层。它通过对每一种应用服务编制专门的代理程序,实现监视和控制应用层通信流的功能。由于应用级网关能够理解应用层协议,能做一些复杂的访问控制,可执行比较精细的日志和审核,并且能够对数据报进行分析并形成相关的安全报告。但是因为每一种协议需要相应的代理软件,所以应用层网关防火墙工作量大,效率不如其他两种防火墙高。

3. 按照防火墙在网络中的应用部署位置

① 边界防火墙。边界防火墙位于内部网络和外部网络的边界,对内部网络和外部网络实施隔离,保护内部网络。这类防火墙一般至少是硬件防火墙,吞吐量大,性能较好。

② 个人防火墙。个人防火墙安装于单台主机中,也只能保护单台主机。这类防火墙应用于个人用户和企业内部的主机,通常为软件防火墙。

③ 混合式防火墙。混合式防火墙是一整套防火墙系统,由若干软、硬件组成,分布于内部网络和外部网络的边界、内部网络各主机之间,既对内部网络和外部网络之间通信进行过滤,又对网络内部各主机间的通信进行过滤。这类防火墙性能较好,但部署较为复杂。

4.3.4 防火墙的主要技术

防火墙技术的发展经历了一个从简单到复杂,并不断借鉴和融合其他网络技术的过程。防火墙技术是一门综合技术,主要包括包过滤技术、状态包过滤技术、NAT 网络地址转换技术和代理技术等。随着网络安全技术和防火墙技术的发展,人们开始将虚拟专用网 VPN、防病毒、入侵检测、URL 过滤及内容过滤等技术加入防火墙当中,形成整体防御系统。

1. 包过滤技术

包过滤防火墙工作在网络协议栈的网络层,包过滤防火墙的模块结构如图 4.4 所示,它检查每个流经的 IP 包,判断相关的通信是否满足既定的过滤规则,如果满足,则允许通

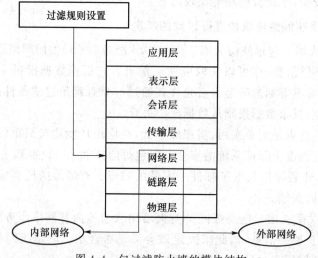

图 4.4 包过滤防火墙的模块结构

过,否则进行阻断。IP 包的包头中包含 IP 子协议类型、源地址、目的地址、源端口和目的端口等信息。因此,包过滤防火墙可以实施以下功能:通过检查协议类型控制各个协议下的通信,通过 IP 地址控制来自特定源地址或发往特定目的地址的通信。由于 TCP/IP 网络的服务和端口是对应的,因此包过滤防火墙可以通过检查端口控制对外部服务的访问和内部服务的开设。包过滤防火墙的操作者负责制定这些规则,并且将它们配置到防火墙系统中去。

包过滤防火墙具有通用性强、效率高、价格低等性能优势,但也存在比较明显的缺点,主要包括:仅仅能够执行较简单的安全策略,当需要完成一个特定的任务时,往往只靠检查分立的数据包显得较为困难,需要配置较复杂的过滤规则,仅仅通过端口管理服务和应用的通信不够合理,一些特定服务或应用的端口号不固定。

包过滤技术具有以下优点。
- 对于一个小型的、不太复杂的站点,包过滤比较容易实现。
- 因为过滤路由器工作在 IP 层和 TCP 层,所以处理包的速度比代理服务器快。
- 过滤路由器为用户提供了一种透明的服务,用户不需要改变客户端的任何应用程序,也不需要用户学习任何新的东西。因为过滤路由器工作在 IP 层和 TCP 层,而 IP 层和 TCP 层与应用层的问题毫不相关。所以,过滤路由器有时也被称为"包过滤网关"或"透明网关"。
- 包过滤路由器在价格上一般比代理服务器便宜。

但是,包过滤技术也有一些缺点和局限性。
- 一些包过滤网关不支持有效的用户认证。
- 规则表很快会变得很大而且复杂,规则很难测试,随着表的增大和复杂性的增加,规则结构出现漏洞的可能性也会增加。
- 包过滤防火墙最大的缺陷是它依赖单一的部件来保护系统。如果这个部件出现问题,会使得网络大门敞开,而用户甚至还不知道。
- 在一般情况下,如果外部用户被允许访问内部主机,则它就可以访问内部网的任何主机。
- 包过滤防火墙只能阻止一种类型的 IP 欺骗(即外部主机伪装内部主机的 IP),对于外部主机伪装的 IP 欺骗却不可能阻止,而且它不能防止 DNS 欺骗。

2. 应用代理技术

由于包过滤技术无法提供完善的数据保护措施,而且一些特殊的报文攻击仅仅使用过滤的方法并不能消除危害(如 SYN 攻击、ICMP 泛洪等),因此人们需要一种更全面的防火墙保护技术,在这样的需求背景下,采用"应用代理"技术的防火墙诞生了。代理服务器作为一个为用户保密或者突破访问限制的数据转发通道,在网络上应用广泛。一个完整的代理设备包含一个服务端和客户端,服务端接收来自用户的请求,调用自身的客户端模拟一个基于用户请求地连接到目标服务器,再把目标服务器返回的数据转发给用户,完成一次代理工作过程,如图 4.5 所示。

从代理程序的构造上看,可以根据在 OSI 网络分层结构中层次的不同,将它们分为回路层代理和应用层代理。

电子商务支付与安全

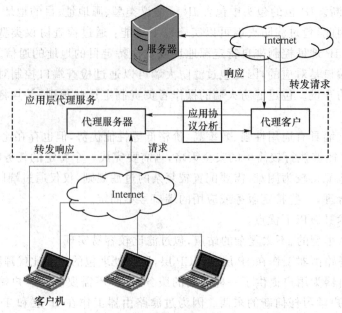

图 4.5 代理防火墙工作原理

(1) 回路层代理

回路层代理也称电路级代理,建立在传输层上。在建立连接之前,先由代理服务器检查连接会话请求,若满足配置的安全策略,再以代理的方式建立连接。在连接中,代理将一直监控连接状态,若符合所配置的安全策略,则进行转发,否则禁止相关的 IP 通信。由于这类代理需要将数据传输给上层处理,再随后接收处理或回应结果,因此类似于建立了回路,被称为回路层代理。由于回路层代理工作在传输层,它可以提供较复杂的访问控制策略,如可以提供数据认证等一些面向数据的控制策略,而不仅仅是通过检查数据包包头实施访问控制策略。

在系统结构上,回路层代理的重要特点是:对于全部面向连接的应用和服务,只存在一个代理。回路层代理的代表是 SOCKS 代理系统,它面向控制 TCP 连接,由于需要实现对客户端连接请求的统一认证和代理,普通客户端不再适用,需要加入额外的模块。虽然一些浏览器提供了这样的支持,但回路层代理的适用性受到了影响。回路层代理的系统结构示意图如图 4.6 所示。

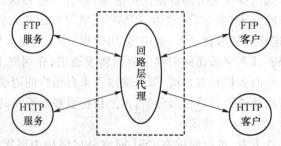

图 4.6 回路层代理的系统结构示意图

86

(2) 应用层代理

应用层代理针对不同的应用或服务具体设计,因此对于不同的应用或服务存在不同的代理。应用层代理还可以针对应用数据进行分析和过滤,能够实现功能较强的安全策略,但这类防火墙的主要缺点是效率较低。应用层代理的系统结构示意图如图 4.7 所示。

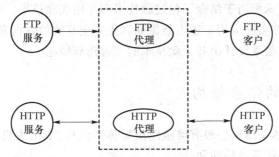

图 4.7 应用层代理的系统结构示意图

应用代理技术防火墙的主要优点。
- 代理防火墙可以针对应用层进行检测和扫描,可有效地防止应用层的恶意入侵和病毒。
- 代理防火墙具有较高的安全性。由于每一个内外网络之间的连接都要通过代理服务器的介入和转换,而且在代理防火墙上会针对每一种网络应用(如 HTTP)使用特定的应用程序来处理。

应用代理技术防火墙的主要缺点。
- 实现起来比较复杂。
- 需要特定的硬件支持。
- 增加了服务的延迟。对系统的整体性能有较大的影响,系统的处理效率会有所下降,因为代理型防火墙对数据包进行内部结构的分析和处理,所以会导致数据包的吞吐能力降低(低于包过滤防火墙)。

3. 状态检测技术

状态检测技术是继"包过滤"技术和"应用代理"技术后发展的防火墙技术,它是 CheckPoint 技术公司在基于"包过滤"原理的"动态包过滤"技术发展而来的,与之类似的有其他厂商联合发展的"深度包检测"(deep packet inspection)技术。这种防火墙技术通过一种被称为"状态监视"的模块,在不影响网络安全正常工作的前提下采用抽取相关数据的方法对网络通信的各个层次实行监测,并根据各种过滤规则做出安全决策。

"状态检测"(stateful inspection)技术在保留了对每个数据包的头部、协议、地址、端口、类型等信息进行分析的基础上,进一步发展了"会话过滤"(session filtering)功能。在每个连接建立时,防火墙会为这个连接构造一个会话状态,里面包含了这个连接数据包的所有信息,以后这个连接都基于这个状态信息进行,这种检测的高明之处是能对每个数据包的内容进行监视,一旦建立了一个会话状态,则此后的数据传输都要以此会话状态作为依据。例如,一个连接的数据包源端口是 8000,那么在以后的数据传输过程里防火墙都会审核这个包的源端口还是不是 8000,否则这个数据包就被拦截,而且会话状态的保留是有时间限制的,在超时的范围内如果没有再进行数据传输,这个会话状态就会被丢弃。状态监视可以对包内容进行分析,从而摆脱了传统防火墙仅局限于几个包头部信息的检测弱点,而且这种防火墙不必开放过多端口,进一步杜绝了可能因为开放端口过多而带来的安全隐患。

由于状态检测技术相当于结合了包过滤技术和应用代理技术,因此是最先进的,但是由于实现技术复杂,在实际应用中还不能做到真正完全有效的数据安全检测,而且在一般的计算机硬件系统上很难设计出基于此技术的完善防御措施。

4.3.5 防火墙的体系结构

目前,防火墙的体系结构一般有屏蔽路由器体系结构、双宿主机体系结构、屏蔽主机体系结构和屏蔽子网体系结构四种。

1. 屏蔽路由器体系结构

屏蔽路由器可以由厂家专门生产的路由器实现,也可以用主机来实现。屏蔽路由器作为内外连接的唯一通道,要求所有的报文都必须在此通过检查。路由器上可以安装基于 IP 层的报文过滤软件,实现报文过滤功能。许多路由器本身带有报文过滤配置选项,一般比较简单。单纯由屏蔽路由器构成的防火墙的危险包括路由器本身及路由器允许访问的主机。屏蔽路由器的缺点是一旦被攻击后很难发现,而且不能识别不同的用户。

2. 双宿主机体系结构

任何拥有多个接口卡的系统都被称为多宿的,双宿主机网关是用一台装有两块网卡的主机做防火墙,该计算机至少有两个网络接口。这样的主机可以充当与这些接口相连的网络之间的路由器,它能够从一个网络到另一个网络发送 IP 数据包。然而,实现双宿主机网关结构禁止这种发送功能。因此,IP 数据包从一个网络(如因特网)并不是直接发送到其他网络(例如,内部的、被保护的网络)。防火墙内部的系统能与双宿主机通信,同时防火墙外部的系统(在因特网上)能与双宿主机通信,但是这些系统不能直接互相通信。它们之间的 IP 通信被完全阻止。

双宿主机网关的防火墙体系结构相当简单,双宿主机网关位于两者之间,并且被连接到因特网和内部的网络,如图 4.8 所示。

图 4.8 双宿主机体系结构

3. 屏蔽主机体系结构

双宿主机网关体系结构提供来自于多个网络相连的主机的服务(但是路由关闭),而被屏蔽主机网关体系结构使用一个单独的路由器提供,仅仅来自于内部网络相连的主机的服务。在这种体系结构中,主要的安全由数据包过滤,其结构如图 4.9 所示。

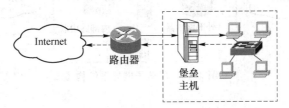

图 4.9 屏蔽主机体系结构

在屏蔽的路由器上的数据包过滤是这样设置的:堡垒主机是因特网上的主机能连接到内部网络系统的桥梁(例如,传送进来的电子邮件)。即使这样,也只有某些确定类型的连接被允许。任何外部的系统试图访问内部的系统或服务将必须连接到这台堡垒主机上。因此,堡垒主机需要拥有高等级的安全。

数据包过滤允许堡垒主机开放可允许的连接(什么是"可允许"将由用户的站点的安全策略决定)到外部世界。在屏蔽的路由器中数据包过滤配置可以按下列之一执行。

① 允许其他的内部主机为了某些服务与因特网上的主机连接(即允许那些已经由数据包过滤的服务)。

② 不允许来自内部主机的所有连接(强迫那些主机经由堡垒主机使用代理服务)。用户可以针对不同的服务混合使用这些手段,某些服务可以被允许直接经由数据包过滤,而其他服务可以被允许仅仅间接地经过代理。这完全取决于用户实行的安全策略。

因为这种体系结构允许数据包从因特网向内部网的移动,所以它的设计比没有外部数据包能到达内部网络的双宿主机体系结构似乎是更危险。实际上,双宿主机网关体系结构在防备数据包从外部网络穿过内部的网络也容易产生失败(因为这种失败类型是完全出乎预料的,不太可能防备黑客侵袭)。简而言之,保卫路由器比保卫主机较易实现,因为它提供非常有限的服务组。大多数情况下,被屏蔽主机网关体系结构比双宿主机网关体系结构具有更好的安全性和可用性。

然而,屏蔽主机体系结构也有一些缺点。主要是如果侵袭者没有办法侵入堡垒主机时,并且在堡垒主机和其余的内部主机之间没有任何保护网络安全设备存在的情况下,路由器同样出现一个单点失效。如果路由器被损害,整个网络对侵袭者是开放的。

4. 屏蔽子网体系结构

屏蔽子网体系结构是指在内部网络和外部网络(Internet)之间建立一个被隔离的子网,用两台分组过滤路由器将这一子网分别与内部网络和外部网络分开。在很多实现过程中由两个包过滤路由器放在子网的两端,在子网内构成一个"非军事区"(DMZ),在该区可以放置供外网访问的 Internet 公共服务器,内部网络和外部网络均可访问被屏蔽的子网,但禁止它们穿越被屏蔽的子网通信,像 WWW 和 FTP 服务器可放在 DMZ 中。有的屏蔽子网中还设有一台堡垒主机作为唯一可访问节点,如图 4.10 所示。

图 4.10 屏蔽子网体系结构

4.4 入侵检测技术

入侵检测是用于检测危害或企图危害系统的机密性、完整性或可用性等行为的一类安全技术。这类技术通过在受保护网络或系统中部署检测设备来监视受保护网络或系统的状态与活动，根据所采集的数据，采用相应的检测方法发现非授权或恶意的系统及网络行为，并为防范入侵行为提供支持手段。

一个入侵检测系统（IDS）需要解决三方面的问题：首先，它需要充分并可靠地采集网络和系统中的数据、提取描述网络和系统行为的特征；其次，它必须根据以上数据和特征，高效并准确地判断网络和系统行为的性质；最后，它需要对网络和系统入侵提供响应手段。

4.4.1 系统结构

入侵检测系统 IDS 分为数据源、分析检测和响应三个模块。数据源模块为分析检测模块提供网络和系统的相关数据和状态，分析检测模块执行入侵检测后，将结果提交给响应模块，后者采取必要的措施，以阻止进一步的入侵或恢复受损害的系统。在以上过程中，检测支持数据库起到了重要作用，它存储入侵行为的特征模式，一般称为入侵模式库。IDS 基本系统结构如图 4.11 所示。

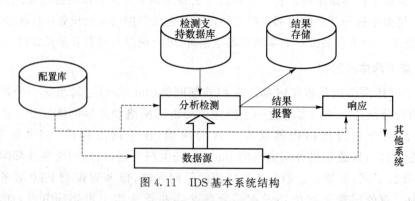

图 4.11 IDS 基本系统结构

考虑到 IDS 的复杂性，研究人员非常重视 IDS 的系统结构，比较有影响的成果是美国加州大学 Davis 分校提出的通用入侵检测框架（CIDF，common intrusion detection framework）。CIDF 是一套规范，它定义了 IDS 表达检测信息的标准语言及 IDS 组件之间的通信协议。符合 CIDF 规范的 IDS 可以共享检测信息、相互通信、协同工作，还可以与其他系统配合实施统一的配置响应和恢复策略。CIDF 的主要作用在于集成各种 IDS，使之协同工作，实现各 IDS 之间的组件重用。

按照 IDS 数据源的不同，IDS 主要可以分为以下两类。

1. 基于主机的 IDS

基于主机的 IDS 检测的目标主要是主机系统和系统的本地用户，它可以运行在被检测的主机或单独的主机上，根据主机的审计数据和系统日志发现可疑迹象。若攻击者已经突破网络防护设施，并进入被攻击主机的操作系统中，基于主机的 IDS 对于监测重要服务器的安全状态并做及时的响应具有很大的价值。但是，这类 IDS 依赖于审计数据和系统日志，也存在明显的缺点：首先，审计数据和系统日志容易被清除或修改；其次，攻击者可能使用某些特权操作或低级别操作逃避审计；最后，这类 IDS 仅仅分析审计数据和系统日志，一般不能发现网络攻击和在审计范围之外的系统攻击。

当前，出现了基于内核的 IDS，它在操作系统内核中检测异常行为，扩展了基于主机 IDS 的数据来源。

2. 基于网络的 IDS

基于网络的 IDS 主要根据网络流量、单台或多台主机的审计数据和日志检测入侵。其中，一个或多个探测器负责采集网络的数据流，被采集的数据被初步处理后送给分析检测模块。需指出，一般网络适配器都存在所谓的混杂模式，即不但可以接收发到它的物理地址的数据包，也可以收听同一网段上发往其他地址的数据包，因此探测器不需要像防火墙那样割断和转发全部流量，而仅仅将流量旁路出来。

另外，网络的 IDS 也可以使用代理技术，从其他主机获得审计数据和日志，并将各个数据源的数据进行综合，进行分布式处理。基于代理技术的分布式 IDS 可以综合各类数据源，也包含了以下将要介绍的各类分析检测方法。

4.4.2 分析检测方法

分析检测方法是指 IDS 根据已有的知识判断网络和系统是否遭受攻击及遭受何种攻击的方法。当前，主流的分析检测方法包括误用检测和异常检测两类，但也出现了一些新的方法，主要包括免疫方法、基因方法、数据挖掘和代理方法等，它们从不同方面丰富了入侵检测技术。

1. 误用检测

误用检测（misuse detection）基于以下事实：程序或用户的攻击行为存在特定的模式，这类攻击行为被称为系统的误用行为。这类分析检测技术首先建立各类入侵的行为模式，对它们进行标识或编码，然后建立误用模式库。在运行中，误用检测方法对来自数据源的数据进行分析检测，检查是否存在已知的误用模式。

误用模式的缺陷在于只能检测已知的攻击,当出现新的攻击手段时,一般需要由人工得到新的攻击模式并添加到误用模式库后,IDS 才具有检测新攻击的能力。相应 IDS 的构造需要考虑这方面的可扩展性和方便性。

2. 异常检测

异常检测(anomaly detection)是当前 IDS 的主流方法,它基于以下事实,无论是程序还是系统用户的行为,各自在表现上均存在一些特性。例如,某服务程序每隔一定的时间就要访问某个目录,办公室工作人员常用文字编辑软件,这些带有一致性的特征与正常行为的基本模式相对应,而异常行为不具有这些特征。异常检测的特点是:它通过对系统异常行为的检测发现攻击的存在,甚至识别相应的攻击。

异常检测的关键在于建立"正常使用描述"(NUP, normal usage profile)及利用 NUP 对当前系统或用户行为进行比较,判断出与正常模式的偏离程度。在 IDS 领域,"描述"(Profile)通常由一组系统或用户行为特性的度量组成,一般为每个度量设置一个阈值或一个变化范围,当超出它们时认为出现异常。

异常检测的优点是可以检测未知的攻击,但系统或用户的行为模式可能变化或增加,因此异常检测需要不断地调整、更新 NUP,相应 IDS 的构造也需要考虑这方面的可扩展性和方便性。但系统或用户行为模式的变化毕竟不如攻击的变化频繁。

3. 其他检测方法

误用检测和异常检测虽然是不同的 IDS 分析检测方法,但是它们都是通过识别系统或用户的行为模式进行判断的。当前出现了一些新型 IDS,虽然其中一些还未进入可以应用的阶段,但它们丰富了以上基本的 IDS 分析检测方法。

生物免疫系统的一个重要特征是能够区别自身或外来的肌体,这个概念和 IDS 的异常检测有相似的地方。有关生物免疫 IDS 的研究表明:一个特定程序的系统调用序列是比较稳定的,使用这一序列识别自身或外来的操作能够获得抵御入侵检测的能力。

生物基因包含染色体,它本质上是一个编码序列,表征着生物的遗传特性。基因的特点是可以进行组合和变异,因此存在着天然地表征不同生物遗传特性的能力,研究人员发现:这个特性可以用于构造系统特征或异常特征。

4.4.3 入侵响应

在检测到网络或系统入侵后,IDS 所采取的应对措施被称为入侵响应。入侵响应主要分为被动响应和主动响应,也包括对攻击者的追踪等措施。

1. 被动响应

被动响应是指 IDS 在检测到攻击后进行报警,为网络管理者或用户提供信息,由他们决定要采取的措施。在被动响应中,攻击按照其危害程度一般被分为不同的级别,级别是 IDS 及其用户重要的决策依据。例如,当同时存在多个攻击时,IDS 优先向用户报告有高级别危害的攻击。

2. 主动响应

在主动响应下，IDS 按照配置策略阻断攻击过程，或者以其他方式影响、制约攻击过程以及攻击的再次发生。主动响应采取的主要措施包括人工或自动针对入侵者的措施及修正系统。

针对入侵者的措施主要是指，系统或调查者追踪攻击的发起地，采取禁止入侵者继续攻击或禁止其主机连接网络等措施，但这样做存在一些风险。例如，攻击者使用盗用的或虚假的网络地址，或者由于 IDS 误报而发起了错误的反击，IDS 自己成了攻击者。因此，针对入侵者的措施也包括一些相对温和的抵御方法，包括断开攻击者与被攻击系统的会话、通知防火墙以后阻断类似的通信等，也包括发邮件给攻击者所在网络的管理员或者安全服务中心，请求进行调查。

根据识别的攻击修正系统是为了弥补引发攻击的自身缺陷，这相比以上措施显得更加温和，但它一般是必要的和恰当的。对系统的修正包括对被保护系统和网络与防护系统的修正。

4.5 安全审计与应急响应技术

4.5.1 安全审计

审计系统是一种为事后观察、分析操作或安全违规事件提供支持的系统，它广泛地存在于操作系统、数据库系统和应用系统中，记录、分析并报告系统中的普通或安全事件。审计系统的重要性不止于此，它还是 IDS、数字取证、网络安全管理等信息安全系统的基本构件之一。

日志（logging）和审计（auditing）是两个紧密相关的概念。日志记录可以由任何系统或应用生成，记录了这些系统或应用的事件和统计信息，反映了它们的使用情况和性能情况。审计系统一般是专门的系统或子系统，审计的输入可以是日志，也可以是相应事件的直接报告，根据它们，审计系统一方面生成审计记录，提供更清晰、更简捷、更易于理解的系统事件和统计信息，另一方面记录所定义的审计事件的发生情况。一般审计结果的存放受到系统的一定保护，它们比普通日志文件更安全、更结构化、格式更统一，但可能需要专门的工具读取。需要指出，很多文献将审计记录的数据也称为审计日志，本章也不严格做这样的区分。

审计系统需要能够确定记录哪些事件和统计信息以及如何进行审计的问题，也需要按照系统安全策略确定的原则进行配置。不同审计系统的构造存在差异，但审计系统需要解决以下几方面的问题：审计事件确定、事件记录、记录分析和系统管理。它们分别完成记录事件和统计信息、数据分析和结果报告的任务。

1. 审计事件确定

多数操作系统都在内核态和用户态记录系统事件，分别从系统调用和应用事件的角度反映审计事件的信息,所支持的审计事件可以由用户进行配置和选择。应用系统可以通过相应操作系统或应用下的开发包提供审计支持功能。当前,对事件的审计主要由操作系统和数据库系统等提供的机制实现,但实际上任何信息系统或安全系统都可以实现类似的审计子系统。

审计事件通常包括系统事件、登录事件、资源访问、操作、特权使用、账号管理和策略更改等类别,表 4.1 给出了它们的具体描述。审计系统一般提供相应的工具支持用户定义审计的类型和事件及其属性。例如,在 Sun Solaris 中,系统用户可以用脚本工具 audit_event 定义审计事件及其所属类别,该脚本的存储文件是 /etc/security/audit_event。

表 4.1 通常的审计事件类别

类别名称	包括的主要事件
系统事件	系统启动、关机、故障等
登录事件	成功登录、各类失败登录、当前登录等
资源访问	打开、修改、关闭资源等
操作	进程、句柄等的创建与终止,对外设的操作、程序的安装和删除等
特权使用	特权的分配、使用和注销等
账号管理	创建、删除用户或用户组,以及修改其属性
策略更改	审计、安全等策略的改变

2. 事件记录

事件记录是指,当审计事件发生时,由审计系统用审计日志记录相关的信息。相比于普通日志,审计日志的生成一般由统一的机制完成,数据存储的结构也更一致、层次更分明,由于受到系统保护,审计数据的存储也更安全,这增加了攻击者消除攻击痕迹的困难。

审计日志一般由一些文件组成,每个文件中包含多条记录,每条记录都记载了系统事件发生和统计信息记录的时间、基本情况等信息。审计日志按照应用可以简单地分为系统日志和应用日志,系统日志主要记录系统的登录、用户操作、进程活动、资源分配、系统故障和安全事件等信息;应用日志记录具体应用关心的内容。审计日志也可以分为内核级审计日志和应用级审计日志两类,前者由审计系统的内核模块生成,后者在用户态生成。

审计记录的内容一般包括事件的主体、相关的各个对象、涉及的进程和用户及它们的标识等,内核级审计记录还包括调用参数和返回值,应用级审计还包括特定的应用数据及高层描述。

3. 记录分析

对审计记录的分析有助于向用户提供更精简、更合理的信息,也有助于用户发现系统存在的攻击事件和安全问题。当然,这里对攻击的分析和对 IDS 的入侵分析是类似的,但审计系统可以有针对性地得到第一手数据,用于支持相关的分析。

系统管理员往往可以通过分析审计日志得到新的事件定义,这些新的事件可以通过合并已有的事件而简化日志信息或者使原来的事件定义更合理。例如,若在条件 A 下,事件 X 和 Y 总是发生,则可以将它们合并为一个事件;若原来定义的一个事件总不发生,但发现这个事件产生的条件存在,可以通过分析日志确定事件定义不合理。

可以通过记录特定的信息得到一些分析方法,它们可以探知对已知安全策略的违规操作。例如,可以设计所谓基于状态的审计系统(state-based auditing)或基于转移的审计系统(transition-based auditing),它们分别记录在某个安全策略下系统应该历经的状态或状态转移情况,因此有助于分析工具发现对特定策略的违规操作。当然,分析也可以从状态或其转移中直接发现已知的违规。

4. 系统管理

审计系统需要提供相应的管理手段,用于管理审计数据存储方式和位置、审计参数设置/初始化、生成和查看审计报告等。

4.5.2 事件分析与追踪

当系统遭受攻击后,可以通过检查进程或线程活动、网络通信、用户活动、审计日志和文件系统等情况进行事件分析,还可以通过对地址和假冒地址的追踪了解攻击的来源和攻击者所处的物理位置或国家、机构等信息。

1. 检查进程

程序是静态的,一般存储于磁盘中,进程是程序在计算设备上的一次执行,运行于内存中。进程一般分为系统进程和用户进程,前者用于完成操作系统的各项功能,是操作系统的组成部分,后者是操作系统的用户启动的进程。在 Windows 系列操作系统中,进程由线程(thread)组成。

攻击者在入侵了计算机系统后,往往会在操作系统中运行某个进程,这样做的目的包括:监听网络通信、向攻击者提供远程控制服务、监视其他用户的操作、等待下一步攻击的时机等。这样,事件分析者可以通过运行操作系统提供的进程查看命令或工具发现可疑进程。例如,使用 UNIX/Linux 上的 PS 命令或使用 Windows 上的任务管理器,但为了达到识别异常进程的目的,需要平时了解系统正常时进程的情况。

一些进程会采取所谓的"隐身"技术,阻止系统工具或命令显示它的存在,这要求事件分析者掌握相应的反隐身工具。由于隐身的进程仍然存在于操作系统的进程分配表中,因此,一些专用工具、计算机病毒预防软件或 IDS 仍然能够发现它们。

2. 检查通信连接

操作系统一般提供相应的命令查看计算机的网络连接状况。例如,Windows 提供的 netstat 命令可以列出当前活动的网络连接情况,提供的信息包括收发双方的地址和端口号。在获得当前被监听或正在通信的端口号后,若它是熟知端口,如 FTP 服务的 21 号端口,需要确定对应的服务是否由操作系统或合法用户启动的,若不是,则很可能是攻击者利用熟知端口隐蔽通信的存在;若发现不明端口,需要查明是否由合法的用户打开,否则立即确认为可疑端口。

当前,一些应用工具可以检测一个端口的监听程序,这有助于确认可疑端口。例如,在 Windows 平台上，fport 程序以命令行的方式提供检测一个端口监听程序的功能，Active Ports 以图形化攻击的形式提供这类功能。

3. 检查登录用户

攻击者在系统中的活动需要在某个账户下得到相应的权限，因此，通过监视账户的活动，就能够发现问题。在 UNIX/Linux 平台中，who 命令可以查看当前登录的账户列表；在 Windows 平台中，也可以用 sysinternals 和 logonsessions 等软件工具查看当前登录的账户。

4. 分析日志

对安全事件调查和追踪有帮助的日志包括系统和应用程序日志、审计日志及网络安全防护设备的日志。系统和应用程序日志包含了操作系统、数据库和应用记录的日志，它们直接反映了一段时期内的相关操作或性能情况，是事件分析的第一手资料。但是，普通日志的安全性相对较低，在攻击者对系统攻击后，很可能已经被修改了，而审计日志的安全性更高，一般用户不能删除，因此记录的信息更加可靠。当前的网络安全防护设备主要包括防火墙和 IDS，它们生成的日志往往反映了异常活动的存在。

5. 文件系统分析

在入侵者攻击的过程中，往往会更改文件系统，因此可能留下一些痕迹，尤其是，对相应日志或文件的修改直接反映了攻击者的目的。首先，攻击者需要掩盖攻击的痕迹，这就需要修改相应的日志文件，删除其中与攻击相关的记录，因此，可以检查内容可疑的地方，也可以检查日志文件和审计记录之间的不一致，一些审计日志得到有效保护，攻击者不能删除其中的记录。其次，攻击者可能留下系统后门，以便继续攻击系统或实施其他攻击，获得后门的方法一般是增加了系统用户或服务等，这都会造成系统或应用文件的增加或改变。最后，攻击者也可能出于破坏的目的改动文件系统，因此，除了人工检查这些变化外，也可以对文件提前用保护工具进行保护，如计算杂凑值或数字签名，在攻击发生后通过验证确认遭到改动的文件。例如，在 UNIX/Linux 平台上，MD5 是一个利用计算杂凑值保护文件完整性的工具，杂凑值一般放在可靠的地方，在 Windows 平台上，也存在 WinMD5 等类似的工具。

6. 地址追踪

除了一些拒绝服务攻击，来自网络的攻击有其源地址和端口，这可以利用前面的日志和通信状态查询手段获得。这些攻击必须使用真实 IP 的原因是需要借助沿途的路由设备将攻击包发送到被攻击系统，并需要和被攻击系统进行一定的交互。一般来说，攻击者的 IP 地址和其所处的物理位置有对应关系，IP 地址管理机构在分配 IP 时，是按照国家或地区来划分 IP 地址范围的，在某一个国家和地区，存在不同的网络管理机构，它们负责的网络也使用连续或范围一定的 IP 地址，因此，特定的固定 IP 地址的物理位置是容易查找的。

在以上对 IP 地址的追踪中，可能查明攻击者的 IP 地址是拨号服务器分配的。一般拨号服务器可以通过配置将拨入的电话号码作为日志内容记录，因此，只要日志内容存在，就可以追踪到攻击者使用的电话号码。

更复杂的情况是，攻击者首先攻破一个系统，然后利用它作为发起攻击的主机，这被称为跳转(Hop)。在一些情况下，攻击者在跳转多次后再发起攻击，这使得事件追踪更加困难。给定一系列主机 $H_1, H_2, \cdots, H_n$，当攻击者顺序从 H_1 连接至 H_n，从 H_n 发动攻击，则此时网络攻击追踪的目的是，基于得到的 H_n 的 IP 地址，找出其余主机或部分其余主机的 IP 地址。

7. 假冒地址追踪

有的拒绝服务攻击可以使用假冒的源地址，这使得被攻击方更难追踪攻击者。例如，洪水型(flood)拒绝服务攻击包括 Ping Flood、SYN Flood、UDP Flood 和 ICMP Flood 等，它们无须和被攻击系统交互，因此可以使用假冒的源地址。当前，对假冒地址的追踪主要包括：逆向洪水、入口调试、ICMP 追踪、概率包标记和中心追踪等方法。

4.5.3 网络安全应急响应

网络和信息系统设施可能由于各种因素遭到破坏，因此需要在这种破坏到来的前后采取相应的预防、应对措施，这些统称为应急响应。网络和信息系统设置遭到破坏的原因主要包括网络攻击、信息系统自身出现故障以及非抗力因素(出现自然灾害或战争破坏等)。国内外的相关机构高度重视信息系统安全的应急响应，组建了一些计算机应急响应小组/协调中心，负责制定应急响应策略并协调他们的执行，这些机构主要包括美国卡内基梅隆大学在美国国防部等政府部门资助下组建的美国 CERT/CC 以及我国的国家计算机网络应急技术处理小组/协调中心(CNCERT/CC)等。

信息安全应急响应并不是在网络或信息系统设施已经遭受破坏后才开始的，一般分为前期响应、中期响应和后期相应三个阶段，它们跨越紧急安全事件发生和应急响应的前后。

1. 前期响应

为尽快恢复遭到破坏的系统正常运行，需要提前准备并尽快启动准备方案，这主要包括：制定应急响应预案和计划、准备资源、系统和数据备份、保障业务的连续性等，它们构成了前期响应。预案是指在灾害发生前制定的应对计划，而应急响应计划一般指在灾难发生后，针对实际破坏情况根据预案制定的具体应对计划。应急响应需要准备或筹备的资源包括：经费、人力资源和软、硬件工具资源。其中，硬件工具包括数据存储和备份设备、施工和调试设备等，软件资源包括数据备份、日志分析、系统检测和修复工具等。信息系统应该定时备份数据，在安全灾害发生后，尽快备份未损坏的数据甚至整个系统，以免遭受进一步的损失，降低修复系统的风险，这样也可以保留灾害的现场记录和痕迹。业务连续性保障是指能尽快恢复对外服务，主要的方法是启用准备好的备用设备和数据，或者临时使用替代系统保持业务连续。

2. 中期响应

前期响应一般已经使系统恢复了基本的正常运行，但是，信息安全灾害的发生原因和引起的灾害程度尚未完全摸清，中期响应的任务就是准确地查明信息系统遭受了何种程度的损害并摸清灾害发生的原因,认定灾害发生的责任,为制定下一步的安全策略和采取下一步的应对措施打下基础。中期响应的工作主要包括:事件分析与处理、对事件的追踪、取证等。

3. 后期响应

后期响应的目的是确定新的安全策略并得到新的安全配置,它主要包括:提供系统的安全性、进行安全评估、制定并执行新的安全策略等。其中,安全评估是针对新提高的安全性进行评估,确认安全性的有效性和程度等性质,它和提高系统的安全性可以反复进行。通过综合各方面的因素,系统的安全管理者需要制定并实施新的安全策略。

4.6 恶意代码检测与防范技术

4.6.1 常见的恶意代码

恶意代码或恶意软件主要是指以危害信息的安全等不良意图为目的的程序,它们一般潜伏在受害计算机系统中实施破坏或窃取信息,本章将它们统称为恶意代码。常见的恶意代码包括计算机病毒、蠕虫和特洛伊木马等,它们以各种方式侵入计算机系统,对计算机或计算机网络的正常使用造成了极大危害,主要包括以下几个方面。

- 攻击系统,造成系统瘫痪或操作异常。
- 危害数据文件的安全存储和使用。
- 泄露文件、配置或隐私信息。
- 肆意占用资源,影响系统网络的性能。
- 攻击应用程序,如影响邮件的收发。

恶意代码有一些基本特性,它们有类似于普通程序的方面,但在更多方面是不同的。恶意代码首先是一类程序,也是由人编制的,而不是在计算环境或系统中自生的。其次,恶意代码对系统具有破坏性和威胁性,这也是它们与普通程序的最大区别。最后,按照种类不同,恶意代码具有潜伏性、传染性、依附性等性质。其中,潜伏性是指恶意代码在侵入计算机时可能并未引起用户注意,而是过一段时期,等条件具备时再实施破坏,在这一阶段它可能已经进行大量的传染并做了实施攻击的准备;传染性是指恶意代码在执行中或在传播中借助一些机制复制自身到其他系统或载体中;依附性是指恶意代码往往依附于系统中的某个程序、数据文件或磁盘扇区,在它们被应用时才会被执行。以上三个特性使恶意代码具有生物病毒的一些特点,因此这一领域借用了大量生物学中的专业词汇,如"繁殖""感染""寄生"等。另外,恶意代码还有针对具体应用或系统、在运行或传播中能够欺骗用户、善于变化以适应新环境等特点,把它们分别归结为针对性、欺骗性和变化性三种特性。

以下简要介绍常见的几类恶意代码。

1. 计算机病毒

计算机病毒能够寻找宿主对象,并且依附于宿主,是一类具有传染、隐蔽、破坏等能力的恶意代码。传染性和依附性是计算机病毒区别于其他恶意代码的本质特征。

计算机病毒有多种分类方法,从这些分类中也可看出不同病毒的具体特性。按攻击对象不同,病毒可以分为攻击计算机的系统病毒和攻击计算机网络的网络病毒,后者往往被单独列为一类恶意代码,它是指能在网络中传播和复制自己,并以网络为平台对计算机和计算机网络造成安全威胁的计算机病毒。按所攻击操作系统的不同,病毒可以分为攻击 Windows、攻击 UNIX、攻击 Linux 的病毒等多类。按照感染对象的不同,病毒可以分为引导型病毒和文件型病毒,前者感染磁盘引导系统,在系统启动时装载进内存,后者感染各类文件,在文件执行时装载进内存。

例如,产生于 1998 年的 CIH 病毒属于文件型病毒,通过网络或移动介质传播,主要感染 Windows 95/98/Me 系统中的可执行文件,CIH 发作时,可以破坏计算机的主板和硬盘。CIH 病毒会试图向主板可擦写的 BIOS 中写入垃圾信息,这类 BIOS 中的内容会被洗去,造成计算机无法启动。向硬盘写入垃圾内容也是 CIH 的破坏方法之一,它将垃圾数据以 2 048 个扇区为单位循环写入硬盘,直到所有硬盘数据均被破坏为止。CIH 病毒一般潜伏在系统中,并在固定的日期发作。

2. 蠕虫

蠕虫是一类特殊的恶意代码,它们可以在计算机系统或网络中繁殖,由于不依附于其他程序,这种繁殖使它们看上去是在内存、磁盘或网络中移动。因此蠕虫与前述的计算机病毒不同,它一般并不依附一个宿主,而是独立的程序。

网络恶意代码一旦在系统中被激活,除了可以进行可能的破坏外,一般通过以下步骤复制自己:

① 搜索系统或网络,确认下一步要感染的目标;
② 建立与其他系统或远程主机的连接;
③ 将自身复制到其他系统或远程主机,并尽可能激活它们。

在网络恶意代码复制猖獗的网络中,网络带宽性能将受到严重影响。2001 年出现的"红色代码(red code)"病毒是一种网络蠕虫,它利用微软公司的 IIS (internet information server)系统漏洞进行感染,它使 IIS 服务器处理请求数据包时溢出,导致把此数据包当作代码运行,病毒驻留后再次通过此漏洞感染其他 IIS 服务器,造成网络带宽性能急剧下降。"红色代码"病毒采用了缓冲区溢出的网络攻击技术,利用网络上使用微软 IIS 系统的服务器来进行病毒传播。这个蠕虫病毒使用服务器的 80 端口进行传播,此端口通常是 Web 服务器对浏览器提供的服务端口。

3. 特洛伊木马

特洛伊木马简称木马,它是一个位于受害者系统中的恶意程序或为攻击者服务的代理。在后一种情况下,木马与远程攻击者建立网络连接,为攻击者建立后门,实施受攻击者控制的操作或窃取信息。但木马也不是一个普通的代理,它冒名顶替,伪装成能提供正常功能或在系统中正常运行的程序,如游戏、压缩软件、系统服务或基本模块等。

除了冒名顶替外,木马区别于病毒和蠕虫的特点是它一般不进行复制,而需要依靠电子邮件、网页插件、程序下载等传播。例如,PKZip是一个被广泛使用的文件压缩程序,当PKZip的版本达到2.04时,网上出现了PKZip300,它看似像PKZip的更新版本,但当用户下载并运行后,PKZip300对硬盘立即实施攻击,造成系统损坏。

再比如"红色代码Ⅱ"是"红色代码"的变种,它包含木马程序Root.exe,后者存储在IIS与Windows的常用工作目录下,一般用户难以识别其性质。黑客可以通过对IIS服务器发送HTTP GET请求激活并操纵木马,这使得"红色代码Ⅱ"拥有其前身无法比拟的可扩充性,只要病毒制作者愿意,随时都可更换蠕虫程序来达到不同的目的。

4. 其他恶意代码

通常人们认为恶意代码还存在恶作剧程序、后门等类型,但它们可以归类到前面的类型中去。近年来,随着移动通信的发展,出现了一些面向破坏手机系统的恶意代码,它们利用手机在设计和实现上的缺陷或利用移动网络服务的漏洞,通过消息发送传播恶意代码,使服务系统或手机系统出现故障,但其原理与前面的恶意代码类型相似。

当用户在安装一些不良应用软件或使用相关功能时,程序可能会强制用户安装一些不受欢迎的软件,包括收集信息的间谍软件(spyware)、宣传产品的广告软件(adware)、控制用户浏览器的劫持软件(hackers)等,由于它们的安装和运行违背了用户的意志,原则上也属于恶意代码。

4.6.2 恶意代码机理

恶意代码的生命周期主要包括:编制代码、传播、感染、触发、运行等环节(图4.12),恶意代码机理主要是指恶意代码传播、感染和触发的机制。传播机制是指恶意代码散布和侵入受害系统的方法,它包括恶意代码自我复制和传播的情况,也包括恶意代码被复制和被传播的情况等。感染机制是指恶意代码依附于宿主或隐藏于系统中的方法,实施它的前提是恶意代码已经进入受害系统。恶意代码的触发机制是指使已经侵入或感染到受害系统中的恶意代码得到执行的方法、条件或途径。其中,恶意代码的执行条件可以是客观的技术约束条件,也可以是恶意代码的设计者为了实现潜伏性或等待破坏时机主观设置的。严格地讲,恶意代码机理还包括恶意代码的运行和破坏机制,但恶意代码获得了合

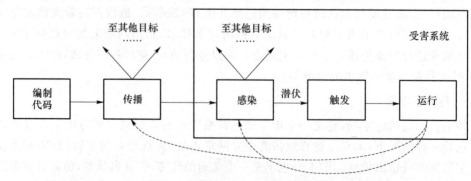

图4.12 恶意代码的生命周期示意图

法用户的操作权限,因此其运行和破坏的能力是显然的,但需要指出的是,恶意代码在运行中也可以实施传播和感染。

1. 传播机制

(1) 文件流动

文件流动的主要途径是移动介质和网络下载,病毒可能在文件流动中得到传播。移动介质包括磁盘、光盘和移动硬盘等,若它们包含有恶意代码的文件或磁盘扇区,在对它们的使用中,恶意代码可能侵入计算机。为了实现信息共享,一个移动介质可能需要接入其他的计算机系统,这在无形中扩大了系统的"接触面积",增加了感染恶意代码的可能。一些光驱支持自动运行功能,它们根据配置文件在插入光盘后立即运行相关程序,为传播恶意代码提供了便利。随着网络的普及,网络逐渐取代移动介质成为发布软件和数字内容的主要渠道,但大量下载网站提供的一些来源不可靠的资源,它们很可能传播恶意代码。

(2) 网页脚本和插件

动态网页技术支持在网页中运行脚本和插件,它们需要在客户端运行,如 Windows 平台下支持 VBScript、JavaScript 和 AxtiveX 控件等。当浏览器访问需要运行脚本或插件的网页时,网页脚本立即被执行,这可能使系统直接感染恶意代码,若客户端尚未安装相应的插件,浏览器会根据安全配置决定是否下载并安装插件,一般情况下,浏览器会让用户决定。当用户被网页的内容欺骗并认为插件来源可靠时,可能选择安装,从而使系统遭到感染。这里需要指出,可以使用 C++语言开发诸如 AxtiveX 控件这样的插件,因此这类恶意代码的制作者能够编制破坏能力极强的程序。

(3) 电子邮件

电子邮件是网络信息交换与传输的常用方法。电子邮件支持附件传输功能,它经常被利用于传播恶意代码,当用户误认为邮件来源可靠时,通常会执行或保存这些附件,使系统受到感染。一些邮件客户端程序支持各种网页格式的邮件,恶意代码也可能存在于这些网页上的插件或链接中。

(4) 数字内容播放

一些视频和音频播放器支持显示网页或用弹出窗口显示它们,而播放器缺乏浏览器那样的安全检查,因此更容易遭受通过网页实施的恶意代码攻击。例如,RM 文件是常用的网络多媒体文件类型之一,给 RM 文件加入弹出广告功能的操作并不复杂,网上已经出现具备类似功能的共享软件,因此攻击者所要做的仅仅是利用这些工具将一个 RM 文件再次编码,在编码中插入包含恶意代码的网页。

(5) 网络攻击

信息系统存在安全漏洞时,网络攻击可能使攻击者截获系统的控制权,实施非授权的操作,从而被用于传播恶意代码。例如,"红色代码"网络蠕虫就是利用微软公司 IIS 系统漏洞进行传播的。

(6) 自我传播

恶意代码在运行后,除了进行可能的破坏外,由于获得了系统的控制权,也可以进行自身的传播。例如,上文中描述的"红色代码"网络蠕虫利用感染的 IIS 系统进一步攻击其他主机上的 IIS,并借此传播自己,造成大量的繁殖。为了方便发送新邮件,一些用户将发送邮件的口令配置在电子邮件客户端程序中,使平时可以直接发送邮件,但"求职信"和 Melisa 等病毒利用这一点发送大量的邮件传播自己,邮件发送的目的地址一般来自邮件客户端程序的"邮件地址簿"。

2. 感染机制

(1) 感染引导系统

恶意代码在侵入计算机系统后,可以选择感染操作系统。在每次计算机启动中,BIOS 首先被执行,之后主引导记录(MBR, master boot record)和分区引导记录(VBR, volume boot record)中的代码被依次执行,这是操作系统启动的"必经之路",因此很多计算机病毒将引导记录作为感染目标。感染方法一般是将原来的引导代码存储到其他扇区中,用病毒代码替换它,这样在系统启动中,病毒程序先于原引导程序执行,在执行中,病毒程序可以直接实施破坏。如造成不能启动或修改 BIOS 已经设置好的中断(interruption)向量,它们原来指向 BIOS 中的中断程序,现在使它指向病毒程序,被病毒修改的中断程序如图 4.13 所示,病毒程序再指向原来的中断程序,这样等中断调用到来后病毒可以截获控制权并可以在执行完后调用原来的中断程序。

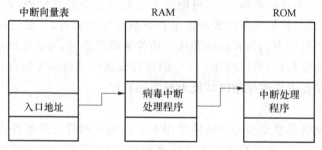

图 4.13 被病毒修改过的中断程序

(2) 感染执行文件

恶意代码可以以不同的方式感染文件,它们按照感染方式可以分为外壳型恶意代码、嵌入型恶意代码、源代码型恶意代码、覆盖型恶意代码和填充型恶意代码等。外壳型恶意代码并不改变被攻击宿主文件的主体,而是将病毒依附于宿主的头部或尾部(图 4.14),这类似于给程序加壳,恶意代码将在程序开始或结束时截获系统控制权。相比之下,嵌入型恶意代码寄生在文件中间,隐蔽性更强。源代码型恶意代码专门攻击计算机开发语言,并能够与后者一道编译。覆盖型恶意代码替换全部或部分宿主,从而对宿主直接造成破坏。填充型恶意代码仅仅填充宿主的空闲区域,如全为零的数据区,它不直接破坏宿主,也不改变宿主文件的长度,因此隐蔽性更强。

有一类计算机病毒通过更灵活的感染方式提高了隐蔽性。在每次感染中,交异型或多态性病毒在病毒代码中加入冗余指令或加密指令使长度和特征发生不同变化,增强了隐蔽性,隐蔽性病毒一般感染文件,但在获得执行权限后,将自身加载到内存,并将感染文件中的病毒代码清除,在关机前再寄生到文件中。

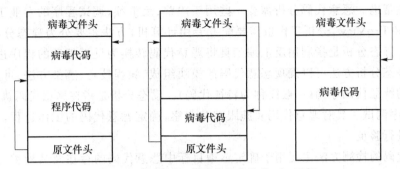

图 4.14　病毒插入或覆盖程序的前、中、后部

（3）感染结构化文档

"宏"是能组织到一起作为一个命令使用的一组 Windows 命令,它能使日常工作变得更简便。微软提供宏语言 WordBasic 来编写宏,也允许 Word、Excel、Access、Visio、PowerPoint、WordPro 等结构化文档及相关的模板文件包含宏以实现一些自动的文档处理。宏病毒是一些制作病毒的人员利用 WordBasic 编程接口制作的具有病毒性质的宏集合,这种病毒宏集合会影响到计算机的使用,在打开一个带宏病毒的文档或模板时,激活了病毒宏,病毒宏还将自身复制到相关文档或模板中。由于 WordBasic 语言提供了许多系统底层调用,宏病毒可能对系统直接构成威胁。

（4）感染网络服务或客户端

一些网络服务存在安全漏洞,容易被攻击者截获控制权并加入恶意代码,一些客户端程序提供扩展性,恶意代码可能伪装成功能扩展模块被警惕性不高的用户安装。

（5）假冒文件

木马和蠕虫是独立的程序,因此可以直接作为文件存储在系统中。为了实现潜伏,木马和蠕虫的可执行文件一般都被伪装成正常的系统或临时文件,如将程序名和图标修改为一个常用文件使用的名称和图标。

3. 触发机制

恶意代码的触发机制主要取决于前面介绍的感染机制。最简单地,当程序、组件和宏命令等被执行时,其中感染的恶意代码将获得执行权。对于引导型病毒,系统启动可以直接导致它们获得执行权限,由于系统在启动中要根据配置启动网络服务和一些内存驻留程序,因此,这些程序感染的恶意代码将获得执行权限。本节前面介绍的引导型病毒可以潜伏于中断程序中,当中断到来时,这些程序将获得执行权限。

以上触发机制取决于客观条件,还有一类触发机制取决于恶意代码编制者的策略。为了加强恶意代码的隐蔽性,一些恶意代码需要参照时钟、时间、计数次数等因素决定是否开始执行。

4.6.3　恶意代码分析与检测

专业反恶意代码人员需要通过对恶意代码的分析获得其感染或运行特征,为确定检测方法提供帮助。恶意代码分析需要一些用于跟踪、反汇编，调试程序的专业工具软件，如 Debug 和 ProView，分析工作也需要配置专用计算机，方法主要分为静态分析和动态分析两种。静态分析是指利用反汇编工具将恶意代码转换为反汇编后的程序进行分析，一般利用静态分析方法可以发现恶意代码的模块组成、编程技巧、感染方法、可用于标识恶意代码的特征代码序列（一般简称为特征代码）。动态分析是指在恶意代码执行的情况下，利用程序调试工具对恶意代码实施跟踪和观察，确定恶意代码的工作过程，对静态分析的结果进行验证。

恶意代码的检测方法主要用于确定感染目标中恶意代码的存在及其种类，主要包括以下几种方法。

1. 特征代码法

恶意代码一般以二进制代码形式存在，它们可能存在某一个代码序列，被称为特征代码，它用于标识一个病毒、木马或蠕虫等。特征代码法的原理就是利用已经得到的特征代码，通过匹配可能的感染对象，确定是否感染了某个恶意代码程序。实施特征代码法需要经过以下两个步骤。

（1）建立特征代码库

专业反恶意代码人员采集恶意代码的样本，通过分析、抽取得到特征代码。抽取的特征代码要具有特殊性，能够在大范围的匹配中唯一标识一个恶意代码程序，因此特征代码的长度不应太短，但为了提高匹配效率、减小数据存储负担，特征代码的长度也不应太长，一般包含十几个字节。特征代码一般被加入特征代码库，它存储了大量已知恶意代码的特征代码，是常用检测工具的必备构件之一。

（2）特征代码匹配

根据特征代码库，检测工具对检测目标实施代码扫描，逐一检查特征代码库中的特征代码是否存在。为了加快匹配，特征代码库一般也记录了特征代码出现的位置。

特征代码法检测比较准确，能够检查出恶意代码的名称，因此有利于清除工作，但是，由于该方法不能检测出未知的恶意代码，特征代码库要经常更新，而且在特征代码库尺寸较大时，匹配开销也较大。

2. 校验和法

很多检测工具都为用户提供了一种文件完整性保护方法——校验和法，它计算文件的校验和，将其存储于被保护文件、其他文件或内存中。计算校验和类似于计算杂凑值，它以一个较小的数据代替较大的文件数据，若在计算校验和中使用密钥或数字签名，也可使恶意代码难以伪造校验和。

校验和法的优点是能发现任何恶意代码对文件的篡改，方法也比较简单，但是需要先计算并保存校验和，并且在检测和保护中，每次都需要计算文件的校验和进行匹配，该方法也不能识别恶意代码的名称。

3. 行为监测法

恶意代码在运行中可能存在一些特殊的操作行为，行为监测法通过发现它们进行报警，很多检测工具都提供了类似的功能。例如，可执行文件是主要的被感染对象之一，但是，用户很少修改可执行文件，因此，一旦有程序要修改可执行文件，可以立即分析这个程序的来历，一般可以判断是否为恶意代码；一些引导型病毒侵占特定的中断程序，因此可以专门分析这些中断程序，查看是否为恶意代码；一些文件型病毒在执行完病毒代码后转而执行原宿主程序，因此存在较大的上下文环境变化，这往往也是病毒的行为特征之一。总之，以上恶意代码的行为特征可以使它们暴露。

采用行为监测法可以识别恶意代码的名称和种类，也可以检测未知的恶意代码，但也存在一定的误报可能。

4. 软件模拟法

一些多态性恶意代码在每次感染中变化寄生代码，这使基于特征代码的常用方法失效，即使检测出它们的存在，一般检测方法也很难确定恶意代码的类型，不利于清除恶意代码。软件模拟法用可控的软件模拟器模拟恶意代码的执行，在执行中确认恶意代码的特征。一般恶意代码在执行时需要解密加密的代码或跳过冗余的代码，因此，实际执行代码的特征暴露，可以利用前述的方法实施检测。

软件模拟法在执行中代价相对较高，一般仅面向常用方法失效的情况。

5. 比较法

计算机中的系统文件、内存驻留程序和中断向量等是相对稳定的，却是恶意代码经常感染的对象。比较法是指在检测恶意代码前，备份这些相对稳定的数据，在检测中通过比较发现恶意代码。

比较法原理简单、实施方便，可以发现未知恶意代码的存在，但需要备份系统文件、内存驻留程序和中断向量等数据，一般也不能识别恶意代码的种类和名称。

6. 感染实验法

计算机病毒在内存驻留期间往往感染那些获得执行或打开的文件。感染实验法的原理是，将一些已确定是干净的文件复制到可能含有病毒的系统中，反复执行或打开它们，从它们的长度或内容的变化上确定存在的病毒。

感染实验法简单、实用，可以检测未知计算机病毒的存在，但一般较难识别病毒的名称。

4.6.4 恶意代码清除与预防

对恶意代码的防治要从预防、机理分析、检测和清除等多方面入手，从原理上看，恶意代码预防和清除方法是基于机理分析与检测的，因此，本节首先介绍了恶意代码机理、分析与检测，而将有关清除和预防的内容放在最后来介绍。

1. 恶意代码清除

清除恶意代码是指，尽量在保全被感染程序功能的情况下移除恶意代码或使其失效，清除工具或人员一般需要了解相关恶意代码的感染机制。显然，对于作为独立程序的木马和蠕虫，它们的类型或名称一旦被检测工具确定，清除工具可以直接删除它们的执行文件，也可以为了更加保险而请用户一起参与这类清除。对文件型恶意代码的删除相对复杂，一般反恶意代码软件需要掌握感染过程的逆过程，将添加的恶意代码清除，并恢复文件头的正常设置，但对于覆盖型恶意代码，由于原宿主代码部分丢失，程序功能不能恢复。对于引导型恶意代码，反恶意代码工具或人员可以类似地清除存在于主引导记录或分区引导记录中的恶意代码，并根据恶意代码保存的原引导代码恢复引导程序，但为了抵御恶意代码对原引导代码的覆盖，一般需要预先备份它们。

恶意代码检测工具一般可以检测内存是否存在恶意代码，但常驻内存的一些恶意代码可能受到操作系统的保护，并且处理其他程序占有的内存也是不方便的，因此，反恶意代码工具一般要求用干净的启动盘启动后再实施检测和清除。

2. 恶意代码预防

恶意代码预防是指抵御恶意代码的传播和感染，它的方法主要是切断传播和感染的途径或破坏它们实施的条件。当然，一定的管理制度有助于提高恶意代码预防技术的实施效果。

当前，恶意代码预防主要基于单机和网络进行。面向单机防护，出现了大量的反恶意代码软件工具，它们提供的主要防护措施包括：① 恶意代码检测、定时检测和在线检测，其中，在线检测指一旦有文件被打开就实施检测；② 在线监控程序行为；③ 备份和恢复重要数据，如主引导代码和中断向量表等；④ 保护重要文件；⑤ 隔离可疑文件；⑥ 制定安全防范策略；⑦ 在线更新恶意代码特征。基于网络的恶意代码防护方法一般采用网关检测网络通信流量、邮件服务等，将防御地点设置在网络边界或网络服务器，能够提前发现和排除问题。

一定的管理制度有利于更好地抵御恶意代码的侵害。加强对软盘、光盘、移动硬盘等介质和网络下载的管理可以减少文件病毒的传播机会；要求用户实施高安全配置也是抵御恶意代码传播和感染的重要环节。例如，可以通过在微软 Word 中进行设置，禁止宏的执行，也可以在浏览器中设置，禁止下载不可信的插件。

本章思考题

1. 从技术角度，如何做好电子商务支付系统的网络安全工作？
2. 试说明电子支付安全性的未来发展趋势。

第5章 电子支付安全协议

5.1 安全协议概述

5.1.1 TCP/IP 安全性分析

由于人们认知与实践的局限性,在设计计算机系统及信息网络时留下了大量的安全漏洞,成为导致信息安全问题的根本原因。在这些漏洞当中,协议的漏洞又是最主要的。由于 TCP/IP 协议簇在早期设计师是以面向应用为根本目的,因此未能充分考虑安全性及协议自身的脆弱性、不完备性,导致网络中存在着许多可能遭受攻击的漏洞。这些潜在的隐患使得攻击者利用存在的漏洞来对攻击目标进行恶意的连接、操作,从而可以达到获取重要信息,提升控制权限等非授权目的。

1. 网络层协议的安全隐患

在 TCP/IP 体系结构的网络层,最重要的协议就是 IP 协议,用来使互联起来的许多计算机网络能够进行通信。

然而,IP 协议在实现通信的过程中并不能为数据提供完整性和机密性保护,缺少基于 IP 地址的身份认证机制,容易遭到 IP 地址欺骗攻击。因此,IP 地址被假冒成为 IP 协议的主要安全问题。由于使用 TCP/IP 协议的主机假设所有以合法 IP 地址发送的数据包都是有效的,理论上对于一个 IP 数据包是否来自真正的源地址,IP 协议并不做任何保障。这意味着任何一台计算机都可以发送包含任意源地址的数据包,IP 数据包中的源地址是不可信的。

IP 协议的另一个安全问题是利用源路由选项进行攻击。源路由指定了 IP 数据包必须经过的路径,可以测试某一特定网络路径的吞吐量,或使 IP 数据包选择一条更安全可靠的路由。源路由选项使得入侵者能够绕开某些网络安全措施而通过对方没有防备的路径攻击目标主机。

此外,IP 协议还存在重组 IP 分片包的威胁。虽然 IP 首部的长度字段限制了包长度最大为 65 535 字节,但对于分片包而言,多个分片包组合起来是有可能大于 65 535 字节的,IP 协议并没有检查机制,从而造成溢出。著名的 Ping 攻击就是利用这一安全隐患来实施的。

2. 传输层协议的安全隐患

TCP/IP 体系结构传输层的两个协议是 TCP 协议和 UDP 协议，这两个协议都存在着各自的安全隐患。

① TCP 协议的安全隐患。TCP 协议是面向连接的协议，必须通过三次握手建立一个 TCP 连接。在完成三次握手的过程中，有时会出现服务器端的一个异常线程等待。如果大量发生这种情况，服务器端就会为了维持大量的半连接列表而耗费一定的资源。当达到 TCP 处理上限时，TCP 将拒绝所有连接请求，表现为服务器失去响应。

另外，当两台计算机按照 TCP 协议连接后，该协议会生成一些初始序列号，提供计算机网络设备间的连接信息，但这些序列号并不是随机产生的，有许多平台可以计算这些序列号。攻击者利用这一漏洞控制互联网或企业内部网基于 TCP 协议的连接，并对计算机网络实施多种类型的攻击。

② UDP 协议的安全隐患。UDP 协议是一种不可靠的传输层协议，依赖于 IP 协议传送报文，并且不确认报文是否到达，不对报文排序也不进行流量控制，对于顺序错误或丢失的包，也不做纠错和重传。UDP 协议没有建立初始化连接，因此欺骗 UDP 包比欺骗 TCP 包更加容易，与 UDP 相关的服务面临着更大的威胁。

3. 应用层协议的安全隐患

直接面对最终用户应用层上的网络应用和服务种类众多，实现差异很大，每一种应用都有各自特定的安全问题。面向当前大量的网络应用服务，应用层协议多而且复杂。

应用层协议的安全隐患主要存在于两个方面，一是大部分以超级管理员的权限运行，一旦这些程序存在安全漏洞且被攻击者利用，极有可能取得整个系统的控制权。二是许多协议采用简单的身份认证方式，并且在网络中以明文方式传输。

正是由于这些漏洞的存在，网络系统受到严重的威胁，安全事件层出不穷，出现了许多针对协议的典型攻击，如 SYN Flood 攻击、TCP 序列号猜测、IP 地址欺骗、TCP 会话劫持、路由欺骗、DNS 欺骗、ARP 欺骗、UDP Flood 攻击以及 Ping of Death 攻击等。

5.1.2　TCP/IP 安全体系结构和安全协议

为了解决 TCP/IP 协议簇的安全问题，弥补 TCP/IP 协议簇在设计之初对安全功能的考虑不足，以 Internet 工程任务组(IETF)为代表的相关组织不断通过对现有协议的改进和设计新的安全通信协议来对现有的 TCP/IP 协议簇提供相关的安全保证，在 Internet 安全性研究方面取得了积极进展。由于 TCP/IP 各层协议提供的功能不同，面向各层提供的安全保证也不同，人们在协议的不同层次设计了相应的安全通信协议。目前，在 TCP/IP 的安全体系结构中，从链路层、网络层、传输层到应用层，已经出现了一系列相应的安全通信协议。从而形成了由各层安全通信协议构成的 TCP/IP 协议簇的安全架构，如图 5.1 所示。

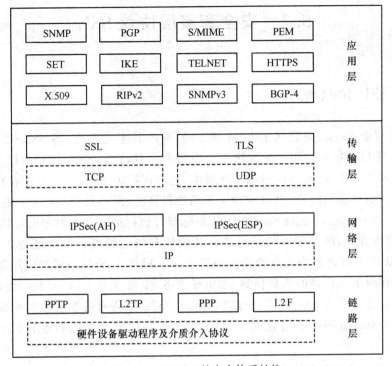

图 5.1　TCP/IP 的安全体系结构

　　链路层安全通信协议负责提供通过通信链路连接起来的主机或路由器之间的安全保证,该层安全通信协议主要有 PPTP、L2TP 等,其主要优点是效率高,主要缺点是不通用、扩展性不强。

　　网络层安全通信协议主要是解决网络层通信的安全问题,对于 TCP/IP 协议来说,就是解决 IP 协议的安全问题。现阶段,IPSec 是最为主要的网络层安全通信协议,主要优点是对网络层以上各层透明性好,主要缺点是很难提供不可否认服务。

　　传输层安全通信协议主要是实现传输层的安全通信,主要有 SSL 和 TLS 等。传输层的安全只可在端系统实现,可以提供基于进程的安全通信。主要缺点是需要对应程序进行修改,提供安全的透明性不好。

　　应用层安全通信协议主要是根据诸如电子邮件、电子交易等特定应用的安全需求及特点而设计的安全协议,主要有 S/MIME、PGP、SET、SNMP、HTTPS 等。这些应用层的安全措施必须在端系统主机上实施。其主要优点是可以更紧密地结合具体应用的安全需求和特点,提供针对性更强的安全功能和服务;主要缺点是它针对每个应用都需要单独设计一套安全机制。

　　至于需要在哪一层采用什么安全通信协议,则应综合考虑应用对安全保密的具体要求,每一层实现安全功能的特点以及其他相关因素。

5.2 安全套接层协议 SSL

5.2.1 SSL 协议概述

SSL 协议由 Netscape 公司于 1994 年 11 月提出并率先实现,即 SSL v2.0 Internet-Draft 版本,随后该版本经历了 5 次修改。1996 年 3 月,在对 SSL v2.0 进行重大改进的基础上,推出了 SSL v3.0 Internet-Draft 版本,它不仅解决了 SSL v2.0 中存在的许多问题,改进了它的许多局限性,并且支持更多的加密算法,最终被 IETF 所采纳,并制定为传输层安全(Transport Layer Security,TLS)标准。该标准刚开始制定时是面向 Web 应用的安全解决方案,随着 SSL 协议部署的建议性和较高的安全性逐渐为人所知,现在已经成为 Web 上部署最为广泛的安全协议之一。近年来 SSL 协议的应用领域不断被拓宽,许多在网络上传输的敏感信息(如电子商务、金融业务中的信用卡号或 PIN 码等机密信息)都纷纷采用 SSL 协议进行安全保护。SSL 协议通过加密传输确保数据的机密性,通过消息认证码保护信息的完整性,通过数字证书对发送和接收者的身份进行认证。

1. SSL 协议在网络层次中的位置

SSL 协议涉及所有 TCP/IP 应用程序。该协议工作在传输层之上,应用层之下,其底层是基于传输层可靠的流传输协议(如 TCP),如图 5.2 所示。

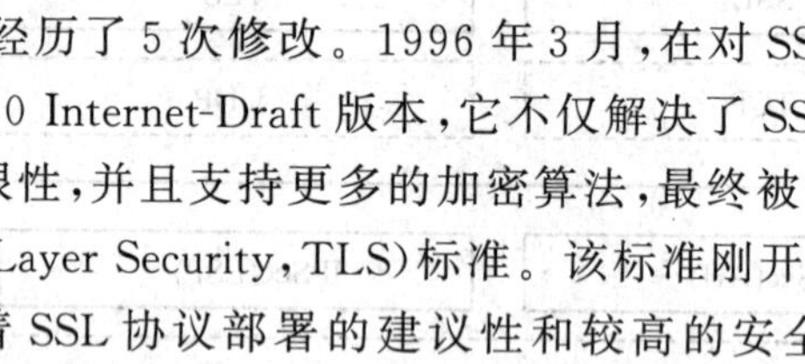

HTTP	Telnet	SMTP	FTP
SSL			
TCP			
IP			

图 5.2 SSL 协议在网络层次中的位置

SSL 协议使用通信双方的客户证书以及 CA 证书,允许客户机/服务器以一种不能被偷听的方式通信,在通信双方间建立一条安全的、可信的通信通道。该协议使用密钥对传送数据加密,许多网站都是通过 SSL 协议从客户端接受信用卡编号等保密信息。它被认为是最安全的在线交易模式,目前在电子商务领域应用很广,并被许多世界知名厂商的 Internet 和 Intranet 网络产品所支持,其中包括 Netscape、Microsoft、IBM、OpenMarket 等公司提供的支持 SSL 协议的客户机和服务器产品,如 IE 和 Netscape 浏览器、IIS、Domino Go Web Server、Netscape Enterprise Server 和 Apache 等 Web 服务器。

2. SSL 协议提供的服务

① 客户机和服务器的合法性认证。认证客户和服务器的合法性,使得它们能够确信

数据将被发送到正确的客户机和服务器上。客户机和服务器都有各自的识别号,这些识别号由公钥进行编号,为了验证客户是否合法,SSL 协议要求在握手交换数据时进行数字认证,以此确保客户的合法性。

② 加密数据以隐藏被传送的数据。SSL 协议所采用的加密技术既有对称密钥技术,也有公钥技术。在客户机与服务器进行数据交换之前,交换 SSL 协议初始握手信息,在 SSL 协议握手信息中采用各种加密技术对其加密,以保证其机密性和完整性,并且用数字证书进行认证,这样就可以防止非法客户进行破译。

③ 保护数据的完整性。SSL 协议采用 Hash 函数和机密共享的方法提供信息的完整性服务,建立客户机与服务器之间的安全通道,使所有经过 SSL 协议处理的业务在传输过程中能全部完整、准确无误地到达目的地。

SSL 协议的优点在于它是与应用层协议无关的,高层的应用协议(如 HTTP、FTP、Telnet 等)能透明地建立在 SSL 协议之上。SSL 协议在应用层协议之前就已经完成加密算法、通信密钥的协商以及服务器的认证工作。在此之后应用层协议所传送的数据都会被加密,从而保证通信的安全性。

3. SSL 协议工作流程

SSL 协议对通信过程进行安全保护,其实现过程主要经过以下几个阶段。

① 接通阶段:客户机通过网络向服务器打招呼,服务器回应。

② 密码交换阶段:客户机与服务器之间交换双方认可的密码,一般选用 RSA 密码算法,也有的选用 Diffie-Hellman 和 Fortezza-KEA 密码算法。

③ 会话密码阶段:客户机与服务器之间产生彼此交谈的会话密码。

④ 检验阶段:客户机检验服务器取得的密码。

⑤ 客户认证阶段:服务器验证客户机的可信度。

⑥ 结束阶段:客户机与服务器之间相互交换结束的信息。

当上述动作完成后,两者之间的资料传送就会加密,另外一方收到资料后,再将加密资料还原。即使盗窃者在网络上取得加密后的资料,如果没有原先编制的密码算法和密码,也不能获得可读的有用资料。

发送时信息用对称密钥加密,对称密钥用非对称算法加密,再把两个包捆绑在一起传送过去。接收的过程与发送正好相反,先打开有对称密钥的加密包,再用非对称密钥解密。

5.2.2 SSL 协议的分层结构

SSL 协议的设计概念是希望使用 TCP 提供一个可靠的端对端的安全服务。SSL 协议并不是单一的协议,而是由两层协议组成。

SSL 协议具有两层结构,其底层是 SSL 记录协议层(SSL record protocol layer),简称记录层。其高层是 SSL 握手协议层(SSL handshake protocol layer),简称握手层,如图 5.3 所示。

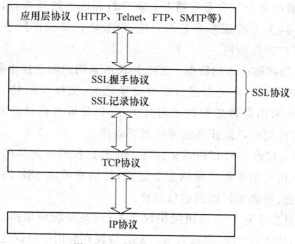

图 5.3　SSL 协议的分层结构

1. SSL 握手协议

SSL 握手协议允许服务器与客户机在应用程序传输和接收数据之前互相认证、协商加密算法和密钥。在初次建立 SSL 连接时服务器与客户机交换一系列消息。这些消息交换能够实现如下操作。

① 客户机认证服务器。
② 允许客户机与服务器选择双方都支持的密码算法。
③ 可选择的服务器认证客户。
④ 使用公钥加密技术生成共享密钥。
⑤ 建立加密 SSL 连接。

SSL 握手协议报文头包括 3 个字段。

- 类型(1 字节)：该字段指明使用的 SSL 握手协议报文类型。SSL 握手协议报文包括 10 种类型。
- 长度(3 字节)：以字节为单位的报文长度。
- 内容(≥1 字节)：使用报文的有关参数。

当客户从服务器端传送的证书中获得相关信息时,需要检查一下内容来完成对服务器的认证：时间是否在证书的合法期限内；签发证书的机关是否是客户端信任的；签发证书的公钥是否符合签发者的数字签名；证书中的服务器是否符合服务器自己真正的域名。服务器被验证成功后,客户继续进行握手过程。

同样的,服务器从客户传送的证书中获得相关信息认证客户的身份,需要检查：用户的公钥是否符合用户的数字签名；时间是否在证书的合法期限内；签发证书的机关是否是服务器信任的；用户的证书是否被列在服务器的 LDAP(lightweight directory access protocol,轻量级目录访问协议)的用户信息中；得到验证的用户是否仍然有权限访问请求服务器资源。

2. SSL 记录协议

SSL 记录协议为 SSL 连接提供两种服务:机密性和报文完整性。

在 SSL 协议中,所有的传输数据都被封装在记录中。记录是由记录头和长度不为 0 的记录数据组成的。所有的 SSL 通信都使用 SSL 记录层,记录协议封装上层的握手协议、警告协议、改变密码格式协议和应用数据协议。SSL 记录协议包括了记录头和记录数据格式的规定。

SSL 记录协议位于 SSL 协议的底层,用户定义传输数据的格式,加密/解密、压缩/解压缩、MAC 计算等操作。SSL 记录协议将高层的协议数据分成较小的单元,并对它进行压缩、附加消息认证码 MAC、加密、附加 SSL 记录头,然后通过低层的传输层协议发送。接收消息的过程正好与发送消息的过程相反,即解密、验证、解压、拼装,然后发送给高层协议。

① 分段:把上层传送来的数据信息块切分为小于或等于 2^{14} 字节的 SSL 明文记录。记录中包含类型、版本号、长度和数据字段。

② 压缩:使用当前会话状态中定义的压缩算法对被切分后的记录块进行压缩。压缩算法将 SSL 明文记录转化为 SSL 压缩记录。压缩必须是无损压缩,且对原文长度的增加不能超过 1 024 字节。

③ 增加 MAC:将消息认证代码 MAC 附加在 SSL 压缩记录后。

④ 加密:所有的记录均采用在当前的加密约定中定义的加密算法和报文验证 MAC 算法加以保护。当握手协议结束后,参与双方共享同一个用于加密记录和计算消息认证码 MAC 的公开密钥。加密和消息认证码(MAC)函数将 SSL 压缩记录转换为 SSL 密文记录。传输时将包含一个序列号,这样即使包丢失、被改变或包被重复收到时也可以及时发现。

⑤ 增加 SSL 记录:SSL 记录头由 5 个字节组成,第一个字节说明使用 SSL 记录协议的上层协议类型,如 20 表示修改加密约定协议、21 表示报警协议、22 表示握手协议、23 表示应用;第二、第三个字节表示版本号,如 SSL 2.0 或 SSL 3.0;第四、第五字节表示消息的长度。

从上层传来的信息进行分组形成不超过规定长度的明文数据,填充到数据结构中,针对每一个明文数据结构,采用事先协商好(握手协议)的压缩算法进行压缩。这种压缩既不能引起数据的损失,数据长度的增加也不能超过 1 024 字节。压缩好的数据将利用在握手协议中协商好的加密算法和 MAC 算法进行加密和保护,最终形成密文数据结构进行传输。

5.2.3 SSL 协议安全性分析

SSL 协议是为解决数据传输的安全问题而设计的,实践也证明了它针对窃听和其他的被动攻击相当有效,但是由于协议本身的一些缺陷以及在使用过程中的不规范行为,SSL 协议仍然存在不可忽略的安全脆弱性。

SSL 协议的缺陷主要表现在以下几个方面。

(1) 客户端假冒

因为 SSL 协议的设计初衷是对 Web 站点以及网上交易进行安全性保护,使消费者明白正在和谁进行交易要比使商家知道谁正在付费更为重要。为了防止由于安全协议的使用而导致网络性能大幅下降,SSL 协议并不是默认地要求进行客户认证,这样做虽然有悖于安全策略,但却促进了 SSL 协议的广泛应用。针对这个问题,可在必要的时候配置 SSL 协议,使其选择对客户端进行认证鉴别。

(2) SSL 协议无法提供基于 UDP 应用的安全性保护

SSL 协议需要在握手之前建立 TCP 连接,因此不能对 UDP 应用进行保护。如果要兼顾 UDP 协议层之上的安全保护,可以采用 IP 层的解决方案。

(3) SSL 协议不能对抗通信流量分析

由于 SSL 协议只对应用数据进行保护,数据包的 IP 头和 TCP 头仍然暴露在外,通过检查没有加密的 IP 源、目的地址、TCP 端口号或者检查通信数据量,一个通信分析者依然可以监示对方在使用什么服务,有时甚至能推导出商业或私人关系。然而用户一般都对这个攻击不太在意,所以 SSL 协议的研究者们并不打算去处理此问题。

(4) 针对基于公钥加密标准(PKCS)协议的自适应选择密文攻击

由于 SSL 服务器用一个比特标识对客户端进行应答,回答每条消息是否根据 PKCS#1 标准正确地进行了加密和编码,攻击者可以发送任意数量的随机消息给 SSL 服务器,再达到选择密文攻击的目的。最广泛采用的应对措施就是进行所有项检查而不发送警示,不正确时直接丢弃。

5.3 SET 协议

5.3.1 SET 协议概述

在互联网开发对所有公众开放的电子商务系统,从技术角度讲,关键的技术问题有两个:一是信息传递的准确性;二是信息传递的安全可靠性。前者是各种数据交换协议已经解决的问题,后者则是目前学术界、工商界和消费者最为关注的问题。为此,西方学者和企业界在这方面投入了大量的人力和物力。

VISA 和 MasterCard 以及其他一些业界的主流厂商通过多年的研究,于 1996 年提出了 SET(安全电子交易)协议,并在 1997 年 5 月正式发布了 SET1.0 标准。这个标准自推出之后,得到了 IBM、Netcape、Microsoft、Oracle 等众多厂商的支持。SET 协议是应用层的协议,是一种基于信息流的协议,它是面向 B2C(business to costomer,企业对消费者)模式的,完全针对信用卡来制定,涵盖了信用卡在电子商务交易中的交易协议信息保密、资料完整等各个方面。

在 SET 协议中主要定义了以下内容。

- 加密算法的应用。
- 证书消息和对象格式。
- 购买消息和对象格式。
- 请款消息和对象格式。
- 参与者之间的消息协议。

SET 协议可以验证商家和持卡人身份的合法性以及通信数据的完整性,并为消费者、商家和银行提供身份认证。同时,SET 协议可以为消费者保密交易信息,商家只能看到消费者的商品订购信息,银行只能知道相关的支付信息,从而实现电子交易的匿名性。SET 协议所具有的安全功能如下。

① 实现支付信息在 Internet 上安全传输。SET 协议实现了交易数据的保密性、安全性、身份可认证性以及抗抵赖性,可有效地防止恶意攻击和篡改。

② 实现电子交易的匿名性。SET 协议为保证电子交易的匿名性,利用信息隔离技术,使商家只能看到消费者的商品订购信息,而银行只能知道相关的支付信息。

③ 实现电子交易的多方认证。SET 协议可以为电子商务的各参与实体提供身份认证,既可以为持卡人提供身份认证,也可以为商家和银行提供身份认证,以保证电子支付的安全。

④ 实现安全的在线支付。SET 协议以银行在线参与的形式为电子商务提供实时的支付和结算业务,可以有效地保证电子支付的安全。

⑤ 实现标准化与兼容性。SET 协议通过标准化的数据传输格式实现数据传输和处理的兼容,使不同公司开发的电子支付软件相互兼容,可以在不同的硬件和操作系统上运行。

SET 制定了电子商务的部分消息协议,这些协议对电子商务来说是必需的,主要支持支付卡的使用。

一次典型的电子购物过程如下所述。

① 持卡者用各种方式浏览购物清单,如使用 Internet 浏览器、查看购物光盘、翻看邮购目录等。

② 持卡者选择要订购的物品项目。

③ 持卡者填写订购单,包括所订购物品的列表、价格、合计等,订购单可以用电子方式传输给商家。

④ 持卡者选择支付方式,SET 协议关心的是采用哪一种支付卡来进行支付。

⑤ 持卡者向商家发出一个包含支付指示的完全订购单。在 SET 协议中,订购和支付由拥有证书的持卡者数字签名。

⑥ 商家从持卡者的金融机构请求得到支付授权。

⑦ 商家发出订购确认信息。

⑧ 商家发运商品或者执行订购的服务。

⑨ 商家从持卡者的金融机构请求付款。

当持卡者选择使用支付卡时,SET 协议主要完成电子购物步骤中的第⑤到第⑨步。

5.3.2 SET 交易的参与方

一般来说,在 SET 规范的交易模式中,所参与的个体包括持卡人、特约商店、发卡银行、收单银行、支付网关、认证中心等,通过这些成员和相关软件,即可在 Internet 上构造符合 SET 标准的安全支付系统。一个安全电子支付系统的组成,如图 5.4 所示。

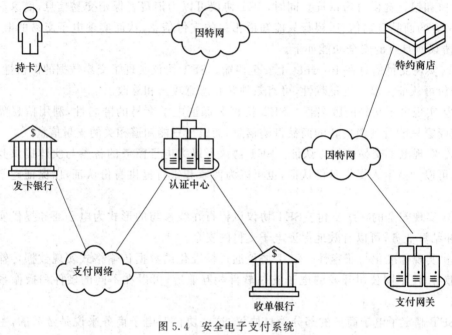

图 5.4 安全电子支付系统

1. 持卡人

在电子化环境中,消费者通过因特网与特约商店之间互动。持卡人是拥有发卡银行授权许可的信用卡(如 MasterCard、Visa)持有人。持卡人要参加 SET 交易,必须要有一台能够联网的计算机,还必须到发卡银行去申请一套 SET 交易的持卡人软件(一般称为电子钱包)。同时,持卡人必须先向认证中心注册登记,并取得数字证书,然后才能使用基于 SET 协议的支付手段购物。在持卡人和商家的会话中,SET 可以保证持卡人的个人账号不被泄露。

2. 特约商店

特约商店(简称商家)可能是某一个人,或是某一个组织,通过网上商店或是电子邮件的方式,销售货物或者提供服务给持卡人,是 SET 交易的另一方。商家的网上商店必须集成 SET 交易的商家软件,持卡人在网上购物时,由网上商店提供服务,购物结束进行支付时,由 SET 交易商家软件进行支付结算。与持卡人一样商家也必须先到银行进行申请,但不是到发卡银行,而是和接受网上支付业务的信用卡收单银行建立关系,该银行设立账户,才可以接受信用卡。在开始交易之前,还必须到认证中心申请数字证书。

3. 发卡银行

发卡银行是一个金融机构,是发信用卡的银行,服务的主要对象是持卡人。其主要职能是向持卡人发行各种银行卡,并通过提供各类相关的银行卡服务收取一定费用。通过发行银行卡,发卡机构获得持卡人支付的信用卡年费、透支利息、持卡人享受各种服务的手续费、商户回佣分成等。

4. 收单银行

收单银行是一个金融机构,会建立一个特约商店的账户,对信用卡做认证处理与账款的处理。特约商店通常会接受几个不同发卡公司,但不会同时和多个不同的银行卡协会或多个个体发卡银行合作。收单银行会协助特约商店做认证,核对信用卡账户是否有效,以及消费金额是否超出信用额度。收单银行也会提供电子转账的服务,它会将消费者支付转到特约商店的账户中。接着,发卡银行会通过某种付费网络,对收单银行补偿其协助电子资金转换所需的费用。收单银行的利益主要来源于客户回佣、商户支付的其他服务费(如 POS 终端租用费、月费等)及商户的存款增加。大多数发卡银行都兼营收单业务,也有一些非银行专业服务机构经营收单业务。

5. 支付网关

支付网关是连接银行专用网络与 Internet 的一组服务器,其主要作用是完成两者之间的通信、协议转换和进行数据加、解密,以保护银行内部网络安全。支付网关的功能主要有将 Internet 传来的数据包加密,并按照银行系统内部的通信协议将数据包从新打包;接收银行系统内部反馈的响应消息,将数据转换为 Internet 传送的数据格式,并对其进行加密。

支付网关由收单银行或特定的第三者操作,处理特约商店支付交易的信息。支付网关介于 SET 和现有的信用卡支付网络之间,负责认证和支付功能。特约商店与支付网关在网络上交换 SET 信息,而支付网关则通过直接连接或者网络联机,与收单银行的金融处理系统相连接。

6. 认证中心(CA)

认证中心是电子商务体系中的核心环节,是电子交易信赖的基础。它通过自身的注册审核体系,检查核实进行证书申请的用户和各项相关信息,使网上交易的用户真实性与证书的真实性一致。认证中心作为权威的、可信赖的、公正的第三方机构,专门负责发放并管理所有参与网上交易的实体所需的数字证书。认证中心用 X.509 v3 公开密钥,对持卡人、特约商店、支付网关做认证。因为 CA 的架构提供认证的功能,所以 SET 才有办法通过 CA 来达到交易安全的目的。

CA 虽然不直接参与 SET 交易,但在 SET 交易中起着非常重要的作用。为了保证 SET 交易的安全,SET 协议规定参加交易的各方都必须持有证书,在交易过程中,每次交换信息都必须向对方出示自己的证书,同时要验证对方的证书。CA 的工作就是交易各方证书的发放、更新、废除,建立证书黑名单等各种证书管理。参与交易的各方在交易前必须到 CA 申请证书,在证书到期时,必须进行证书的更新。

下面简单介绍一下,当进行一次交易时,需要哪些事件来完成安全性的电子交易。

① 消费者开立账户。首先消费者要在有支持电子支付及 SET 的银行建立信用卡账户,如 MasterCard 或 Visa。

② 消费者收到证书。在适当的身份确认过程之后,消费者会收到由银行签署的 X.509 v3 数字证书。这个证书用来核对消费者的 RSA 公钥及其有效期限。同时也建立了消费者的密钥组与信用卡之间的关系,并由银行保证这个关系。

③ 特约商店证书。接受某家公司信用卡的特约商店必须要拥有两个证书,分别包含一把公钥。一个用来签署信息,一个是用来密钥交换。特约商店也要保留一份支付网关的公钥证书。

④ 消费者订购。这个动作可能会涉及消费者第一次浏览特约商店的网站,并且选择商品,决定价格。然后消费者会将这次欲购买商品的订单发送给特约商店,接着特约商店会传回商品列表、价格、总价和一个订单编号。

⑤ 特约商店核对。除了订购单,特约商店会发送他们的证书副本,消费者可以核对所消费的商店是否为合法有效的。

⑥ 发送订单及支付。消费者将其订单、支付命令以及证书传送给特约商店。这份订单对所支付的款项进行核对,支付中会包含信用卡的细节。因此支付的信息要经过加密,才不会被特约商店获取其中的重要信息,而消费者的证书可以让特约商店核对消费者身份。

⑦ 特约商店请求支付认证。特约商店在这个时候会向支付网关传送支付命令,并且请求核对消费者的信用卡是否能支付这笔款项。

⑧ 特约商店核准订单。特约商店将核准的订单信息传送给消费者。

⑨ 特约商店提供货物及服务。将消费者订购的商品装运,或提供给消费者其他服务。

⑩ 特约商店请求支付。商店将请求支付的消息传送到支付网关,支付网关会处理支付工作。

5.3.3 SET 的交易流程

1. SET 交易涉及的事件或状态

电子购物的工作流程与现实购物的流程很相似,这使得电子商务与传统商务可以很好地融合,用户使用起来也没有什么障碍。从顾客通过浏览器进入在线商店开始,一直到账户上的金额被划走,所有的这些过程都是通过 Internet 完成的。

通常,一次 SET 交易过程会涉及以下事件或状态。

① 持卡人注册:持卡人必须在发送 SET 信息给特约商店之前向 CA 注册。

② 特约商店注册:特约商店必须在它们和消费者与支付网关交换 SET 信息之前,向 CA 注册申请。

③ 购买请求:消费者发送给特约商店的消息,包含给特约商店的 OI(订单信息)与给银行的 PI(支付命令)。

④ 支付授权:在特约商店与支付网关之间的交换,可以对特定账户信用卡持卡人的

采购做授权。

⑤ 支付请款:让特约商店可以从支付网关请求支付项。

⑥ 证书询问与状态:如果CA无法快速完成一个证书请求的处理,它会发送一个消息给持卡人或特约商店,表明要请求者稍后再做确认。持卡人或特约商店会发送证书询问的消息,确定证书请求的状态,如果请求得到批准就会接收到证书。

⑦ 采购询问:采购响应消息收到后,持卡人可以询问订单处理状态。

⑧ 请款撤销:特约商店可以更正在取得请求消息中的错误,如销售员输入错误的交易数量。

2. SET交易的三个阶段

SET交易可以分为三个阶段,即购买请求阶段、支付授权阶段和取得支付授权阶段,下面对这三个阶段做详细介绍。

(1) 第一阶段:购买请求

在购买请求之前,持卡人已经完成浏览选定商品以及订购的工作。这些工作没有使用到SET协议。

购买请求过程由4个消息构成:初始请求、初始回应、购买请求、购买回应。

为了传送SET消息到特约商店,持卡人需要保留一份特约商店从及支付网关的证书副本。消费者在初始请求的消息中要求申请证书,然后请求消息会传送到特约商店。请求消息包括消费者所使用的信用卡的公司,也包含由消费者指定回应这组请求的一个ID。

特约商店对初始请求产生响应,并且用自己的私钥来签名。响应消息包含一个代表这次购买交易代号的ID、特约商店的签名证书以及支付网关证书。持卡人会对特约商店和支付网关证书,用他们各自的CA签名来核对工作,然后产生OI及PI。由特约商店所指定的交易ID会放在OI及PI中。在OI里并不会包含明确的订单数据,比如物品的编号或规格。接着,持卡人产生一个暂时的对称加密密钥K,准备好购买请求(purchase request)消息,如图5.5所示。

① 购买请求消息。

购买请求消息包含以下信息。

a. 采购相关的信息。这个信息会由特约商店转送到支付网关。由以下成分组成。

- 支付命令PI。
- 由PI与OI所计算出并且经过消费者私钥签署的双重签名。
- OI消息摘要(OIMD)。在支付网关中需要OIMD来确认双重签名,如同前面介绍的,所有的东西需要经过K加密。
- 数字信封。这个信封是由支付网关的密钥K所产生的。之所以被称为数字信封,是因为只有能打开信封的人,才能够读取上述内容。K的值是不对特约商店公开的,因此,特约商店无法获得任何这个支付相关的信息。

b. 订单相关信息。特约商店需要这项信息,它包括。

- 订单信息OI。
- 由PI与OI计算出并经消费者私钥签署的双重签名。
- PI信息摘要(PIMD)。

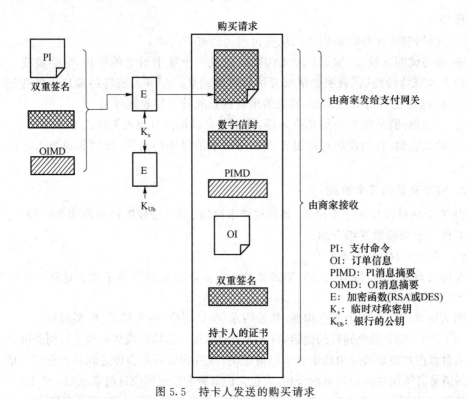

图 5.5 持卡人发送的购买请求

特约商店需要(PIMD)来对双重签名做确认。请注意 OI 是以没有加密保护的明文方式传送出去的。

c. 持卡人证书。这部分包含持卡人公开签名密钥,对特约商店与支付网关来说,它们都需要这个证书。

② 特约商店工作流程:

当特约商店接收到购买请求消息后,会进行以下步骤,如图 5.6 所示。

a. 以 CA 签名核对持卡人的证书。

b. 利用消费者公开签名密钥。对双重签名做核对。这样可以确保订单在传送过程中没有被篡改,并且可以确定这是经持卡人的私钥签署过的合法订单。

c. 对订单做处理,并且将支付信息传送给网关。

购买响应消息包含了一个响应区块,用来告知收到订单,并顺便取得相对应的交易代码。特约商店以它的私钥签署响应区块。然后此区块以及签名会和特约商店的签名证书一起传送到消费者那里。

当持卡人软件接收到购买响应消息后,他会首先核对特约商店的证书,然后核对响应区块中的签名,最后显示给使用者一个消息或更新数据库上订单的数据。

(2) 第二阶段:支付授权

在处理一个持卡人订单的过程中,特约商店会授权支付网关处理此次交易。这样的支付授权可以确保进行中的交易是经由发行人认可的。并且,支付授权可以确保特约商店一定会接收到支付,进而特约商店才愿意提供服务或商品给消费者。

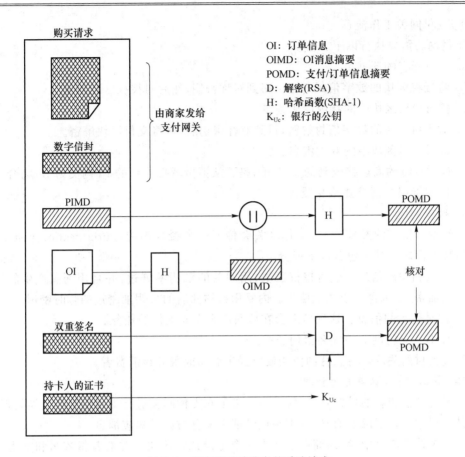

图 5.6 商家核对消费者的采购请求

① 支付授权。

支付授权过程中包含了授权请求和授权回应消息。

授权请求消息,由特约商店发送给支付网关,包含以下信息。

a. 采购的相关消息。这个消息是从消费者那里得来的,组成的成分如下。

● PI。
● 由 PI 与 OI 所计算出,并且经由消费者私钥签署的双重签名。
● OI 信息摘要。
● 数字信封。

b. 授权的相关消息。这个消息是由特约商店所产生的,包含了以下成分。

● 授权区块。包含了交易 ID,由特约商店私钥签署,并经特约商店所产生的临时对称密钥加密。
● 数字信封。

c. 证书。包含持卡人的签名密钥证书(用来对双重签名进行核对),特约商店的签名密钥证书(用来对特约商店的签名进行核对),以及特约商店的密钥交换证书(在支付网关响应时会用到)。

② 支付网关工作流程。

支付网关需要执行以下工作。

 a. 核对所有的证书。

 b. 将授权区块的数字信封解密。得到对称密钥，然后对授权区块解密。

 c. 核对授权区块中的特约商店签名。

 d. 对支付区块的数字信封解密，得到对称密钥后，再将支付区块解密。

 e. 核对支付区块中的双重签名。

 f. 核对从特约商店接收到的交易 ID，是否从消费者接收到的 PI 内交易 ID 吻合。

 g. 向发卡银行请求并接受授权。

③ 授权响应。

得到发卡银行的授权之后，支付网关会传回一个授权响应（authorization response）消息给特约商店。其中包含以下成分。

 a. 授权相关的信息。包含授权区块，用网关的私钥签署过，并且用网关产生的暂时对称密钥加密，也包含一个数字信封。内涵用特约商店的公钥加密过的暂时密钥。

 b. 记录信封的信息。这项信息会在后面用来完成支付的任务。

 c. 证书。支付网关的签名密钥证书。

经过支付网关认可后。特约商店便可提供商品或服务给消费者。

（3）第三阶段：取得支付授权

为了得到消费者的付费款项，特约商店必须和支付网关进行支付信息的交换处理，这项交易过程中包含了两个消息，分别是记录请求消息与记录响应消息。

在记录请求消息中，特约商店会产生一个记录请求区块。并对其做签名和加密。记录请求区块包含了支付信息与交易 ID。在记录请求消息中，也包含了这次交易先前（在授权回应时）收到的加密过的记录信封，还有特约商店的签名密钥以及证书。

当支付网关接收到记录请求消息时，会解释并核对记录请求区块及记录信封区块。然后确认记录请求与记录信封之间的一致性。接着产生一个请求消息，通过支付网络发送给发卡银行。请求消息会使支付的资金传送到特约商店的账户中。

支付网关接着会将记录响应消息通知特约商店已进行转账动作。响应消息包括了一个经过支付网关签署并且加密的记录响应区块，另外还有网关的签名密钥证书。而特约商店软件会储存这个响应记录，用来保持与收单银行所收到的支付响应的一致性。

5.3.4 SET 协议安全性分析

SET 协议是基于信用卡的电子支付协议，为电子商务交易提供一种基于 Internet 和第三方支付机构的电子支付方式。SET 协议的参与实体包括持卡人、在线商家、支付网关，可以通过认证机构 CA 实现实体身份认证，以确保电子商务实体身份的真实性。所以，SET 协议为电子商务交易提供了一个安全的电子支付平台，可以保障电子商务交易数据的机密性、完整性、身份可认证性、抗抵赖性和互操作性。SET 协议的安全性包括以下几个方面。

① 信息的机密性。SET 协议为保证通信数据安全,在传输敏感信息时加密传送,以防止非法用户获取通信数据,例如持卡人的账户信息和电子订单信息。SET 协议通常采用数字信封来实现保密通信。

② 数据的完整性。SET 协议采用数字摘要算法实现数据完整性校验,发送方在发送数据前计算通信数据的数字摘要值,然后对其进行数字签名和加密,并将密文发送给接受方。接收方对密文进行解密和验证,以保证通信数据在传输过程中内容未发生变化。

③ 身份的可认证性。SET 协议通过数字证书和数字签名来实现交易实体身份的有效性验证。CA 为交易实体颁发和管理数字证书,验证者利用数字证书的公钥对数字签名进行验证,以证明实体身份的真实性。

④ 交易的抗抵赖性。SET 协议利用数字签名技术来保证交易数据的不可否认性,交易实体通过保存已签名的关键交易数据,来防止其他交易实体抵赖已发生的交易行为。

⑤ 互操作性。SET 协议通过标准化的数据传输格式实现数据传输的兼容性,SET 系统可以在不同的硬件和操作系统上运行。

在整个电子交易过程中,SET 协议采用信息安全加密技术、数字签名技术和数据完整性校验等技术为电子商务交易实体提供全面的安全保护,确保电子交易安全。

5.4 SSL 与 SET 的比较

5.4.1 SSL 与 SET 的功能比较

SSL 协议可以实现客户机与服务器之间的安全连接与通信,主要功能是基于 TCP 连接建立安全的数据传输通道,实现通信数据的保密性、完整性和身份可认证性。SSL 协议之所以被广泛应用,是因为它已经被绝大多数 Web 浏览器和服务器内置和支持。网上银行和金融机构的服务器通过内置 SSL 协议来实现电子支付数据的安全传输,电子交易的客户、商家和网上银行可以通过 SSL 协议来传输电子交易和电子支付数据,实现安全的交易与结算。

SET 协议是实现多方认证的电子支付协议,基于证书认证体系实现持卡人、商家、银行之间的身份认证,保证电子交易的安全性。而 SSL 协议是面向连接的安全通信协议,只支持双方认证,仅能在客户机与服务器之间建立安全连接。SET 协议支持协议各方之间的身份认证,能够在银行内部网或者 Internet 上传输数据,而 SSL 协议的客户机浏览器只能与 Web 服务器安全通信。

SET 协议与 SSL 协议相比具有以下优点。

① SET 协议具有良好的抗抵赖性。SET 协议通过建立完备的身份认证体系来实现交易实体身份的认证,可以有效地防止交易抵赖,降低商家的运营和管理成本。

② SET 协议安全性更高。SET 协议采用双重签名技术,使商家只能看到持卡人的电子订单信息,而无法看到持卡人的账户信息。相反,银行只能看到持卡人的账户信息,

而不能看到账户持有人的订单信息。SET协议保证了电子交易的匿名性,使在线购物更加安全。

③ SET协议更适用于信用卡。SET协议是基于信用卡设计的电子支付协议,可以实现交易实体之间的多方认证,可以有效地保证交易数据的保密性、完整性、身份可认证性和抗抵赖性。

④ SET协议具有更好的互操作性。SET协议采用标准化的数据传输格式来实现数据传输的兼容性,SET系统可以在不同的硬件和操作系统上运行。

⑤ SET协议具有更高的灵活性。电子支付系统可以采用SET协议的一部分或者全部,例如,客户与商家之间的安全通信采用SSL协议,而与银行之间的安全通信采用SET协议,这样既可以避免在客户机上安装电子钱包软件,同时又可以充分利用SET协议的优点。

SET协议与SSL协议相比具有更高的安全性,但SET协议相对更复杂,要求客户机、商家服务器和银行网络安装SET系统软件,并且需要所有交易实体拥有数字证书。

随着电子商务的快速发展,电子支付安全成为电子交易的核心问题。虽然SSL协议可以在Internet上安全地传输客户的信用卡号和订单信息,但其安全性相对SET协议较低。因此,SET协议将在基于Internet的电子支付交易中占据主导地位。但是SET协议因其相比较为复杂,短时间内很难取代SSL协议。在此期间,商家会根据交易系统的具体安全需要选择支付协议,所以SSL协议和SET协议会同时并存。

5.4.2　SSL和SET的性能比较

SSL协议相对于SET协议成本低、速度快、使用简单,已经被绝大多数Web浏览器和服务器内置和支持。SET协议与SSL协议相比具有更高的安全性,但SET协议相对更复杂。SET协议和SSL协议对客户端计算机、商家的电子商务服务器、支付网关服务器的影响也存在着较大的区别。

(1) 对客户端计算机的影响

SSL协议相对于SET协议对客户端计算机的性能影响很小,因为客户端计算机需要处理的事务相对简单,只需提供客户的信用卡信息、基本支付信息或数字证书,与商家服务器的通信速度取决于网络速度和商家服务器的处理能力,而与SET协议和SSL协议本身无关。

(2) 对电子商务服务器的影响

在电子支付协议中,电子商务服务器提供多种功能,包括系统安全保护、电子商务系统的运营和管理以及电子支付安全。SET协议相对于SSL协议较复杂,需要执行多次加密、数字签名和实体身份验证,对系统的软件和硬件要求明显要高于SSL协议,因此,对电子商务服务器的影响较大。

但是,随着计算机技术和信息安全技术的发展,SET协议的性能将会得到显著提高,这些技术主要包括:多处理器技术、云计算技术、集群技术、高速加密芯片以及椭圆曲线加密技术等。对于小型和中型的电子商务系统,应用SSL协议与SET协议在费用上并没有明显差别,但对于大型的电子商务系统,应用 SET 协议在设备及技术上的投入要明显高于 SSL 协议。

本章思考题

1. 简述 SET 的支付流程。
2. 比较 SSL 协议和 SET 协议的优缺点。

第6章 中央银行对支付机构的监管

6.1 第三方支付机构监管体系

6.1.1 第三方支付机构的法律地位

为促进支付服务市场健康发展,规范非金融机构支付服务行为,防范支付风险,保护当事人的合法权益,2010年9月1日起生效的《非金融机构支付管理办法》,又称2010年人民银行2号令,是我国第一部专门针对第三方支付的法律规制,它给第三方支付机构定性为"非金融支付服务机构",在收付款人之间作为中介机构提供网络支付、预付卡的发行与受理、银行卡收单以及中国人民银行确定的其他支付服务。

非金融机构提供支付服务,应当依据《非金融机构支付服务管理办法》规定取得《支付业务许可证》,成为支付机构。支付机构依法接受中国人民银行的监督管理,未经中国人民银行批准,任何非金融机构和个人不得从事或变相从事支付业务。

支付机构之间的货币资金转移应当委托银行业金融机构办理,不得通过支付机构相互存放货币资金或委托其他支付机构等形式办理。支付机构不得办理银行业金融机构之间的货币资金转移,经特别许可的除外。支付机构应当遵循安全、效率、诚信和公平竞争的原则,不得损害国家利益、社会公共利益和客户合法权益。支付机构应当遵守反洗钱的有关规定,履行反洗钱义务。

《支付业务许可证》自颁发之日起,有效期5年。支付机构拟于《支付业务许可证》期满后继续从事支付业务的,应当在期满前6个月内向所在地中国人民银行分支机构提出续展申请。中国人民银行准予续展的,每次续展的有效期为5年。

6.1.2 支付业务许可证的申请流程

中国人民银行负责《支付业务许可证》的颁发和管理。申请《支付业务许可证》的,需经所在地中国人民银行分支机构审查后,报中国人民银行批准。从2011年第一批第三方支付牌照发放,到2017年年底,已经发到了第8批牌照,先后共有271家支付公司拿到了支付牌照。2017年前三个季度,中国人民银行对第三方支付的监管力度持续加大,注销多张第三方支付牌照,到2017年年底共撤销了24家支付机构的支付业务许可证,目前,有247家支付机构获得《支付业务许可证》。支付业务许可证如图6.1所示。

图 6.1 支付业务许可证

1. 申请人的申请条件

《支付业务许可证》的申请人应当具备下列条件:

① 在中华人民共和国境内依法设立的有限责任公司或股份有限公司,且为非金融机构法人;

② 有符合本办法规定的注册资本最低限额;

③ 有符合本办法规定的出资人;

④ 有5名以上熟悉支付业务的高级管理人员;

⑤ 有符合要求的反洗钱措施;

⑥ 有符合要求的支付业务设施;

⑦ 有健全的组织机构、内部控制制度和风险管理措施;

⑧ 有符合要求的营业场所和安全保障措施;

⑨ 申请人及其高级管理人员最近3年内未因利用支付业务实施违法犯罪活动或为违法犯罪活动办理支付业务等受过处罚。

申请人拟在全国范围内从事支付业务的,其注册资本最低限额为1亿元人民币;拟在省(自治区、直辖市)范围内从事支付业务的,其注册资本最低限额为3 000万元人民币。注册资本最低限额为实缴货币资本。

2. 申请人的主要出资人应当符合以下条件

① 为依法设立的有限责任公司或股份有限公司;

② 截至申请日,连续为金融机构提供信息处理支持服务 2 年以上,或连续为电子商务活动提供信息处理支持服务 2 年以上;

③ 截至申请日,连续盈利 2 年以上;

④ 最近 3 年内未因利用支付业务实施违法犯罪活动或为违法犯罪活动办理支付业务等受过处罚。

本办法所称主要出资人,包括拥有申请人实际控制权的出资人和持有申请人 10% 以上股权的出资人。

3. 申请人应当向所在地中国人民银行分支机构提交下列文件、资料

① 书面申请,载明申请人的名称、住所、注册资本、组织机构设置、拟申请支付业务等;

② 公司营业执照(副本)复印件;

③ 公司章程;

④ 验资证明;

⑤ 经会计师事务所审计的财务会计报告;

⑥ 支付业务可行性研究报告;

⑦ 反洗钱措施验收材料;

⑧ 技术安全检测认证证明;

⑨ 高级管理人员的履历材料;

⑩ 申请人及其高级管理人员的无犯罪记录证明材料;

⑪ 主要出资人的相关材料;

⑫ 申请资料真实性声明。

申请人应当在收到受理通知后按规定公告下列事项:

① 申请人的注册资本及股权结构;

② 主要出资人的名单、持股比例及其财务状况;

③ 拟申请的支付业务;

④ 申请人的营业场所;

⑤ 支付业务设施的技术安全检测认证证明。

6.1.3　第三方支付企业获取技术安全检测认证证书

为做好《非金融机构支付服务管理办法》(中国人民银行令〔2010〕第 2 号)实施工作,保障非金融机构支付服务业务系统检测认证工作规范有序开展,中国人民银行制定了《非金融机构支付服务业务系统检测认证管理规定》(中国人民银行〔2011〕第 14 号)。非金融机构支付业务设施技术认证如图 6.2 所示。

以下是《非金融机构支付服务业务系统检测认证管理规定》原文。

第6章 中央银行对支付机构的监管

图 6.2 非金融机构支付业务设施技术认证

第一章 总 则

第一条 为加强非金融机构支付服务业务的信息安全管理与技术风险防范,保证其系统检测认证的客观性、及时性、全面性和有效性,依据《非金融机构支付服务管理办法》(中国人民银行令〔2010〕第2号发布)、《非金融机构支付服务管理办法实施细则》(中国人民银行公告〔2010〕第17号公布)制定本规定。

第二条 非金融机构支付服务业务系统检测认证,是指对申请《支付业务许可证》的非金融机构(以下统称非金融机构)或《非金融机构支付服务管理办法》所指的支付机构(以下统称支付机构),其支付业务处理系统、网络通信系统以及容纳上述系统的专用机房进行的技术标准符合性和安全性检测认证工作。

第三条 非金融机构在申请《支付业务许可证》前6个月内应对其业务系统进行检测认证;支付机构应根据其支付业务发展和安全管理的要求,至少每3年对其业务系统进行一次全面的检测认证。

第四条 本规定所称的检测机构应按照国家有关认证认可的规定取得资质认定,通过中国合格评定国家认可中心的认可,并取得中国人民银行关于非金融机构支付服务业务系统检测授权资格。

第五条 本规定所称的认证机构应经国家认证认可监督管理委员会批准成立,通过中国合格评定国家认可中心的认可,并取得中国人民银行关于非金融机构支付服务业务系统认证授权资格。

第六条 中国人民银行负责检测、认证资格的认定和管理工作,并定期向社会公布通过检测、认证资格认定的机构名单及其业务范围。

第七条 非金融机构或支付机构在检测认证过程中应与检测机构和认证机构建立信息保密工作机制。

第八条 支付机构不得连续两次将业务系统检测委托给同一家检测机构。

第二章 检 测

第九条 非金融机构或支付机构在实施业务系统检测前,应作如下准备:

(一)与检测机构签订书面合同,合同应明确规定保密条款;

(二)与检测机构就检测的范围、内容、进度等事项进行沟通,制定详细的检测计划,并签字确认;

(三)向检测机构提交所申请检测认证的业务系统与生产系统的一致性声明。

第十条 检测应严格遵守中国人民银行制定的技术标准和检测规范,真实反映非金融机构或支付机构业务系统技术标准符合性和安全性状况,保证非金融机构或支付机构业务系统符合国家信息系统安全等级保护第三级的基本要求。

第十一条 业务系统检测应包括但不限于:

(一)功能测试。

验证业务系统的功能是否正确实现,测试其业务处理的准确性。

(二)风险监控测试。

评估业务系统的风险监控、预警和管理措施,测试其业务系统异常交易、大额交易、非法卡号交易、密码错误交易等风险的监测和防范能力。

(三)性能测试。

验证业务系统是否满足业务需求的多用户并发操作,是否满足业务性能需求,评估压力解除后的自恢复能力,测试系统性能极限。

(四)安全性测试。

评估业务系统在网络安全、主机安全、应用安全、数据安全、运行维护安全、电子认证安全、业务连续性等方面的能力及管理措施,评价其业务系统的安全防控和安全管理水平。

(五)文档审核。

验证业务系统的用户文档、开发文档、管理文档等是否完整、有效、一致,是否符合相关标准并遵从更新控制和配置管理的要求。

第十二条 检测机构应于检测完成后10个工作日内向非金融机构或支付机构提交正式的检测报告(一式四份)。

第十三条 检测报告应包括以下内容:

(一)支付服务业务系统名称、版本;

(二)检测的时间、范围;

(三)检测设备、工具及环境说明;
(四)检测机构名称、检测人员说明;
(五)检测内容与检测具体结果描述;
(六)检测过程中发现的问题及整改情况;
(七)检测结果及建议;
(八)申请检测认证的业务系统与生产系统的一致性声明;
(九)其他需要说明的问题。

第十四条 非金融机构或支付机构在收到检测机构出具的检测报告后,应及时将检测报告及相关材料提交认证机构,并申请认证。

第三章 认　证

第十五条 非金融机构或支付机构在实施支付服务业务系统认证前,应与认证机构签订书面合同,合同应明确规定保密条款。

第十六条 认证应秉承客观、公正、科学的原则,按照国家有关认证认可法律法规及中国人民银行关于非金融机构支付服务业务系统的技术标准和认证要求实施。

第十七条 认证机构应及时处理认证申请,并在正式受理申请后的20个工作日内向非金融机构或支付机构通告认证结果,对合格机构出具认证证书。

第四章 监督与管理

第十八条 支付机构正式开办支付业务后,有下列情况之一的,应及时进行检测:
(一)出现重大安全事故;
(二)业务系统应用架构变更、重要版本变更;
(三)生产中心机房场地迁移;
(四)其他中国人民银行要求的情况。

第十九条 检测认证程序、方法不符合国家检测认证相关规定和中国人民银行相关要求,或检测认证结果严重失真的,中国人民银行及其分支机构可以要求重新进行检测或认证,因此而产生的费用由违反规定的检测机构、认证机构承担。

第二十条 检测机构或认证机构未按照中国人民银行制定的检测认证规范和相关要求进行检测认证活动,或未严格坚持科学、公正的原则进行检测认证工作并造成不良后果的,中国人民银行视其情节轻重给予以下处罚:
(一)通报批评;
(二)责令限期改正,整改期间暂停相关检测认证工作;
(三)整改不力的,取消其从事非金融机构支付服务业务系统检测或认证资格,并报国家认证认可监督管理部门备案。

第五章 附　则

第二十一条 本规定由中国人民银行负责解释。
第二十二条 本规定自发布之日起施行。

技术安全检测认证证明,根据以表明支付业务处理系统符合中国人民银行规定的业务规范,技术标准和安全要求等文件资料,应包括检测机构出具的检测报告和认证机构出具的认证证书。检测机构、认证机构应当获得中国合格评定国家认可委员会(CNAS)的认可,并符合中国人民银行关于技术安全检测认证能力的要求。

1. 技术安全检测认证主要标准及法规

非金融机构支付服务系统技术安全检测的目标是在系统版本确定的基础上,对非金融机构支付服务系统进行功能、性能、第三方支付账户及交易风险监控、安全性、文档、外包等各方面全面的检测,客观、公正评估系统是否符合人民银行对非金融机构支付服务系统的安全性和技术标准符合性等各方面要求,保障非金融机构支付服务系统的安全稳定运行。表 6-1 为非金融机构支付服务系统技术安全检测相关技术标准与政策法规。

表 6-1 非金融机构支付服务系统技术安全检测相关技术标准与政策法规

序号	主要技术标准及政策法规
1	GB/T 17544 信息技术 软件包 质量要求和测试
2	GB/T 16260 软件工程 产品质量
3	GB/T 18905 软件工程 产品评价
4	GB/T 15481—2000 检测和校准实验室能力的通用要求
5	GB 8567—88 计算机软件产品开发文件编制指南
6	GB/T 9385 计算机软件需求说明编制指南
7	GB/T 9386—1988 计算机软件测试文件编制规范
8	GB/T 14394—93 计算机软件可靠性和可维护性管理
9	GB/T 20271—2006 信息安全技术 信息系统通用安全技术要求
10	《中国人民银行关于进一步加强银行业金融机构信息安全保障工作的指导意见》
11	《金融机构计算机信息系统安全保护工作暂行规定》
12	《支付清算组织管理办法》
13	《电子支付指引》
14	《非金融机构支付服务管理办法》

2. 技术安全检测认证流程

(1) 检测认证准备

第三方支付企业在进行支付业务设施技术标准符合性和安全性检测认证前,应首先向所在地中国人民银行分支机构科技部门提出支付业务处理相关系统机房设施现场检查申请。

有关部门在对第三方支付企业进行支付业务处理相关系统机房设施的物理环境、网络安全、应急演练情况等进行现场检查后,第三方支付企业将获取该部门出具的机房设施现场检查报告。

(2) 检测实施

在此阶段,第三方支付企业需与检测机构签订书面合同及保密条款,并与检测机构就检测的范围、重点、时间与要求等问题进行充分沟通,制订详细检测计划,随后按照三方共同制订的检测计划开展检测工作。

(3) 认证准备

在收到检测机构出具的检测报告后,第三方支付企业需将检测报告原件、整改报告、检测计划及相关技术文档材料(一式二份)提交给认证机构申请认证。

(4) 认证实施

在实施支付业务设施技术标准符合性和安全性认证前,第三方支付企业需与认证机构签订书面合同及保密条款,并与认证机构就检测过程中遇到的问题和整改情况进行充分沟通,由认证机构开展认证工作。

认证机构在认证并做出认证结论及整改建议后,第三方支付企业需在 20 个工作日内协助将认证情况及相关材料提交中国人民银行总行科技部门(检测认证管理工作办公室)。经过中国人民银行总行科技部门核准后,最终获取认证证书。

3. 技术安全检测认证内容

非金融机构支付服务系统技术安全测试主要包括表 6-2 提到的 6 个方面的内容。

表 6-2 非金融机构支付服务系统技术安全检测主要内容

序号	重点方向	主要内容
1	系统功能	依据被测非金融支付机构具体的业务需求与需求规格说明书,验证支付服务系统的业务功能能否正确实现,测试业务实现的准确性
2	第三方账户及交易风险监控	验证支付服务系统对交易欺诈的防范监控以及防范账户交易风险的能力
3	系统性能	结合典型交易(包括支付、退款、预存、确认支付等)及不同交易配比,验证支付服务系统性能是否满足当前及未来三年业务发展需求;此外,还需针对余额查询、交易明细、账单批处理性能进行压力测试和极限测试
4	安全性	包括安全技术测评和安全管理测评两部分,其中安全技术测评主要包括网络安全、主机安全、应用安全、数据安全四个方面内容;安全管理测评主要包括安全管理机构、安全管理制度、人员安全管理、系统建设管理、系统运营管理五方面的内容
5	文档	对支付服务系统的开发文档、用户文档、管理文档的完备性、可维护性、可管理性,以及是否符合行业标准,是否遵从更新控制和配置管理的要求等方面进行检测
6	外包附加测试	对于从事支付服务的非金融机构将支付服务业务外包给第三方服务机构的情况,还应进行附加测试。主要内容包括:外包服务的外包内容、外包服务在第三方的处理情况、安全保密协议、风险评估、外包商资质、外包合同、控制和监督

6.2 支付机构的监管与管理

6.2.1 监管机构

中国人民银行依法对第三方支付机构进行监督和管理。这是《非金融机构支付服务管理办法》对监管机构的明确规定。由于网络第三方支付行业所涉领域较广,所涉内容具有专业性和复杂性,主要负责监管的部门是科技司、支付结算司和反洗钱局,此外,还有行业协会中国支付清算协会。

科技司主要负责中国人民银行科技管理与建设工作;拟订中国人民银行科技发展规划和信息化建设年度计划;承担中国人民银行信息化及应用系统建设、安全、标准化和运行维护等工作;指导协调金融业信息化工作;拟订金融业信息化发展规划;负责金融标准化组织管理协调工作;指导协调金融业信息安全工作;拟订银行卡及电子支付技术标准;协调银行卡联网通用及电子支付技术工作;协调有关金融业科技工作,负责金融业重大科技项目管理工作。

支付结算司负责拟订全国支付体系发展规划,同有关方面研究拟订支付结算政策和规则,制定支付清算、票据交换和银行账户管理的规章制度并组织实施;维护支付清算系统的正常运行;组织建设和管理中国现代化支付系统;拟订银行卡结算业务及其他电子支付业务管理制度;推进支付工具的创新;组织中国人民银行会计核算。

反洗钱局承办组织协调国家反洗钱工作,研究和拟订金融机构反洗钱规则和政策;承办反洗钱的国际合作与交流工作;汇总和跟踪分析各部门提供的人民币、外币等可疑支付交易信息,涉嫌犯罪的,移交司法部门处理,并协助司法部门调查涉嫌洗钱犯罪案件;承办中国人民银行系统的安全保卫工作,制定防范措施;组织中国人民银行系统的金银、现钞、有价证券的保卫和武装押运工作。

中国支付清算协会(Payment & Clearing Association of China,缩写为"PCAC")成立于2011年5月23日,是经国务院同意、民政部批准成立,并在民政部登记注册的全国性非营利社会团体法人,是中国支付清算服务行业自律组织。协会业务主管单位为中国人民银行。中国支付清算协会以促进会员单位实现共同利益为宗旨,遵守国家宪法、法律、法规和经济金融方针政策,遵守社会道德风尚,对支付清算服务行业进行自律管理,维护支付清算服务市场的竞争秩序和会员的合法权益,防范支付清算风险,促进支付清算服务行业健康发展。

6.2.2 监管网络

为鼓励金融创新,促进互联网金融健康发展,明确监管责任,规范市场秩序,经党中央、国务院同意,中国人民银行、工业和信息化部、公安部、财政部、国家工商总局、国务院法制办、中国银行业监督管理委员会、中国证券监督管理委员会、中国保险监督管理委员会、国家互联网信息办公室日前联合印发了《关于促进互联网金融健康发展的指导意见》（银发〔2015〕221号，以下简称《指导意见》）。

《指导意见》按照"依法监管、适度监管、分类监管、协同监管、创新监管"的原则，确立了互联网支付、网络借贷、股权众筹融资、互联网基金销售、互联网保险、互联网信托和互联网消费金融等互联网金融主要业态的监管职责分工，落实了监管责任，明确了业务边界。

① 互联网支付。互联网支付是指通过计算机、手机等设备，依托互联网发起支付指令、转移货币资金的服务。互联网支付应始终坚持服务电子商务发展和为社会提供小额、快捷、便民支付服务的宗旨。银行业金融机构和第三方支付机构从事互联网支付，应遵守现行法律法规和监管规定。第三方支付机构与其他机构开展合作的，应清晰界定各方的权利义务关系，建立有效的风险隔离机制和客户权益保障机制。要向客户充分披露服务信息，清晰地提示业务风险，不得夸大支付服务中介的性质和职能。互联网支付业务由中国人民银行负责监管。

② 互联网行业管理。任何组织和个人开设网站从事互联网金融业务的，除应按规定履行相关金融监管程序外，还应依法向电信主管部门履行网站备案手续，否则不得开展互联网金融业务。工业和信息化部负责对互联网金融业务涉及的电信业务进行监管，国家互联网信息办公室负责对金融信息服务、互联网信息内容等业务进行监管，两部门按职责制定相关监管细则。

③ 客户资金第三方存管制度。除另有规定外，从业机构应当选择符合条件的银行业金融机构作为资金存管机构，对客户资金进行管理和监督，实现客户资金与从业机构自身资金分账管理。客户资金存管账户应接受独立审计并向客户公开审计结果。中国人民银行会同金融监管部门按照职责分工实施监管，并制定相关监管细则。

④ 信息披露、风险提示和合格投资者制度。从业机构应当对客户进行充分的信息披露，及时向投资者公布其经营活动和财务状况的相关信息，以便投资者充分了解从业机构运作状况，促使从业机构稳健经营和控制风险。从业机构应当向各参与方详细说明交易模式、参与方的权利和义务，并进行充分的风险提示。要研究建立互联网金融的合格投资者制度，提升投资者保护水平。有关部门按照职责分工负责监管。

⑤ 消费者权益保护。研究制定互联网金融消费者教育规划，及时发布维权提示，加强互联网金融产品合同内容、免责条款规定等与消费者利益相关的信息披露工作，依法监督处理经营者利用合同格式条款侵害消费者合法权益的违法、违规行为。构建在线争议解决、现场接待受理、监管部门受理投诉、第三方调解以及仲裁、诉讼等多元化纠纷解决机制。细化完善互联网金融个人信息保护的原则、标准和操作流程。严禁网络销售金融产品过程中的不实宣传、强制捆绑销售。中国人民银行、银监会、证监会、保监会同有关行政执法部门，根据职责分工依法开展互联网金融领域消费者和投资者权益保护工作。

⑥ 网络与信息安全。从业机构应当切实提升技术安全水平，妥善保管客户资料和交易信息，不得非法买卖、泄露客户个人信息。中国人民银行、银监会、证监会、保监会、工业和信息化部、公安部、国家互联网信息办公室分别负责对相关从业机构的网络与信息

安全保障进行监管,并制定相关监管细则和技术安全标准。

⑦ 反洗钱和防范金融犯罪。从业机构应当采取有效措施识别客户身份,主动监测并报告可疑交易,妥善保存客户资料和交易记录。从业机构有义务按照有关规定,建立健全相关协助查询、冻结的规章制度,协助公安机关和司法机关依法、及时查询、冻结涉案财产,配合公安机关和司法机关做好取证和执行工作。坚决打击涉及非法集资等互联网金融犯罪,防范金融风险,维护金融秩序。金融机构在和互联网企业开展合作、代理时应根据有关法律和规定签订包括反洗钱和防范金融犯罪要求的合作、代理协议,并确保不因合作、代理关系而降低反洗钱和金融犯罪执行标准。中国人民银行牵头负责对从业机构履行反洗钱义务进行监管,并制定相关监管细则。打击互联网金融犯罪工作由公安部牵头负责。

⑧ 加强互联网金融行业自律。充分发挥行业自律机制在规范从业机构市场行为和保护行业合法权益等方面的积极作用。中国人民银行同有关部门,组建中国互联网金融协会。协会要按业务类型,制订经营管理规则和行业标准,推动机构之间的业务交流和信息共享。协会要明确自律惩戒机制,提高行业规则和标准的约束力。强化守法、诚信、自律意识,树立从业机构服务经济社会发展的正面形象,营造诚信规范发展的良好氛围。

⑨ 监管协调与数据统计监测。各监管部门要相互协作、形成合力,充分发挥金融监管协调部际联席会议制度的作用。中国人民银行、银监会、证监会、保监会应当密切关注互联网金融业务发展及相关风险,对监管政策进行跟踪评估,适时提出调整建议,不断总结监管经验。财政部负责互联网金融从业机构财务监管政策。中国人民银行同有关部门,负责建立和完善互联网金融数据统计监测体系,相关部门按照监管职责分工负责相关互联网金融数据统计和监测工作,并实现统计数据和信息共享。

6.3 第三方支付的客户备付金管理

6.3.1 客户备付金与备付金银行

1. 客户备付金

客户在网上购买商品或服务时,支付的货款,在客户收到货并且做出确认之前,一直放在支付公司的账上,直到客户确认收货或系统默认收货之后,货款才转给商户。

因此,客户备付金,是指支付机构为办理客户委托的支付业务而实际收到的预收待付货币资金。

2. 备付金银行

备付金银行是指与支付机构签订协议、提供客户备付金存管服务的境内银行业金融机构,包括备付金存管银行和备付金合作银行。

支付机构接收的客户备付金必须全额缴存至支付机构在备付金银行开立的备付金专

用存款账户。

备付金专用存款账户,是指支付机构在备付金银行开立的专户存放客户备付金的活期存款账户,包括备付金存管账户、备付金收付账户和备付金汇缴账户。

3. 备付金存管银行和备付金合作银行的区别

《支付机构客户备付金存管办法》中对备付金银行进行了较为明确的划分:备付金存管银行和备付金合作银行。备付金存管银行负责客户备付金的集中存放、复核、归集、划转等监督职责;备付金合作银行主要负责客户备付金的存放、定向划转、行内划转、信息报送等监督职责。备付金银行的设立一方面方便了支付企业就近归集客户的备付资金,另一方面也使得具体的监督职责在操作层面得到进一步明确和落实。

备付金存管银行与备付金合作银行的具体区别见表 6-3。

表 6-3 备付金存管银行与备付金合作银行的区别

	数量	职能	账户区别	终止处理
备付金存管银行	唯一	客户备付金的集中存放、复核、归集、划转等监督职责;备付金主管行(备付金存管行的一个分支机构)履行具体监督职责	收付账户	全额资金划转至新的备付金存管银行
备付金合作银行	不唯一	客户备付金的存放、定向划转、行内划转、信息报送;备付金主合作行(备付金合作行的一个分支机构)履行具体监督职责	收付账户 汇缴账户	全额资金划转至备付金存管银行

6.3.2 备付金银行账户

根据《支付机构客户备付金存管办法》中的相关条款,客户备付金账户主要分备付金存管账户、备付金收付账户和备付金汇缴账户。支付机构应当在备付金存管银行开立至少一个自有资金账户。支付机构的备付金专用存款账户应当与自有资金账户分户管理,不得办理现金支取。

1. 存管账户

备付金存管账户是支付机构在备付金存管银行开立的,可以以现金形式接收客户备付金、以银行转账方式办理客户备付金收付和支取业务的专用存款账户。

开立限制:支付公司在一个省(直辖市、自治区)范围内,只能在其合作的备付金存管银行开立一个存管账户。举个例子,中信银行是易极付的备付金存管银行,那么易极付在中信银行四川分行、北京分行、上海分行都可以开一个存管账户。

功能限制:不管是收款退款还是对外付款存管账户都可以做。所以三类账户中有且仅有存管账户有资格进行跨行付款。

2. 收付账户

备付金收付账户是支付机构在备付金合作银行开立的,可以以现金形式或以银行转账方式接收客户备付金、以本银行资金内部划转方式办理客户备付金支取业务的专用存款账户。

开立限制:支付公司在同一备付金合作银行只能开立一个收付账户。

功能限制:相比汇缴账户,收付账户的能力要相对强一些。收付账户不仅具备汇缴账户的收款退款功能,更可以根据客户需求从该账户进行同行划转。

3. 汇缴账户

备付金汇缴账户是支付机构在备付金银行开立的,以现金形式接收或以本银行资金内部划转方式接收客户备付金的专用存款账户。

备付金银行应当于每日营业结束前,将备付金汇缴账户内的资金全额划转至支付机构的备付金存管账户或在同一备付金合作银行开立的备付金收付账户。

支付机构可以通过备付金汇缴账户将客户备付金直接退回至原资金转出账户。

开立限制:要求相对其他账户较低,基本上在备付金银行(无论是否备付金存管银行)都可以开立。

功能限制:汇缴账户只能用于本行收款及原路退回。

表 6-4 为备付金银行账户的区别。

表 6-4 备付金银行账户的区别

	开立银行	开立限制	跨行收款	跨行付款	对外支付	日终余额
存管账户	备付金存管银行	支付机构在一个省(直辖市、自治区)范围内只能开立一个存管账户	是	是	是	有
收付账户	备付金合作银行	支付机构在同一备付金合作银行只能开立一个收付账户	是	否	是	有
汇缴账户	备付金合作银行	无	否	否	否	无
自有资金账户	存管银行	总分公司共一个	—	—	—	—

6.3.3 备付金的使用方式

缴存:支付机构通过银行转账方式接收的客户备付金,应当直接缴存备付金专用存款账户;按规定以现金形式接收的客户备付金,应当在收讫日起 2 个工作日内全额缴存备付金专用存款账户。

收款:现金形式、本行转账方式、跨行转账方式。

付款:支付机构只能通过备付金存管银行办理客户委托的跨行付款业务,以及调整不同备付金合作银行的备付金银行账户。支付机构在备付金合作银行存放的客户备付金,不得跨行划转至备付金存管银行之外的商业银行。

赎回:支付机构按规定为客户办理备付金赎回的,应当通过备付金专用存款账户划转资金,不得使用现金;按规定以现金形式为客户办理备付金赎回的,应当先通过自有资金账户办理,再从其备付金存管账户将相应额度的客户备付金划转至自有资金账户。

手续费结转:支付机构的支付业务手续费收入划转至客户备付金专用存款账户的,支付机构应当通过备付金存管银行或其授权分支机构结转至自有资金账户。支付机构因办理客户备付金划转产生的手续费费用,不得使用客户备付金支付。

存放:在满足日常支付结算需求的前提下,允许支付公司以协定存款、单位通知存款、单位定期存款(最长为12个月)等方式进行资金存放。支付机构每月在备付金存管银行存放的客户备付金日终余额合计数,不得低于上月所有备付金银行账户日终余额合计数的50%。

风险准备金的计提:支付机构应当按季计提风险准备金,存放在备付金存管银行或其授权分支机构开立的风险准备金专用存款账户,用于弥补客户备付金特定损失以及中国人民银行规定的其他用途。风险准备金按照所有备付金银行账户利息总额的一定比例计提。支付机构开立备付金收付账户的合作银行少于4家(含)时,计提比例为10%。支付机构增加开立备付金收付账户的合作银行,计提比例动态提高。

本章思考题

1. 试论述央行对第三方支付机构的监管。
2. 试论述支付机构面临的技术风险和法律风险。

第7章 电子商务支付的法律保障

7.1 电子商务买卖双方的权利义务及网络交易中心的法律地位

电子商务作为一种新兴的商务运作方式,它的成长不仅取决于计算机和网络技术的发展,而且在很大程度上取决于政府如何为电子商务的发展营造一个良好的环境。我国已经对现行的相关法律条文进行调整,使传统的商务法律能与新兴的电子商务活动相协调。例如,1999年10月1日起施行的《中华人民共和国合同法》,根据现实生活中出现的新情况,增添了一部分新的内容。其中第十一条明确规定:书面形式是指合同书、信件和数据电文(包括电报、电传、传真、电子数据交换和电子邮件)等可以有形地表现所载内容的形式。此外,合同法还对数据电文发出、收到的时间与地点及确认收讫等问题,都做出了相应的规定。2005年4月1日起施行的《中华人民共和国电子签名法》,赋予了电子签章和数据电文的法律效力,并设立电子认证服务市场的准入制度,明确由政法对认证机构实行资质管理。这些规定从法律上认定了以电子媒介为载体的交易合同的有效性和约束力,从而有力地保障在网络上实施民事行为的安全可靠性,促进了信息社会经济秩序的稳定及可持续发展。

7.1.1 电子商务交易中买卖双方当事人的权利和义务

电子商务交易中买卖双方之间的法律关系,实质上表现为双方当事人的权利和义务。买卖双方的权利与义务是对等的。卖方的义务就是买方的权利,买方的义务就是卖方的权利。

(1) 卖方的义务

在电子商务的条件下,卖方应当承担三项义务。

第一,按照合同的规定提交标的物及单据。提交标的物和单据是电子商务中卖方的一项主要义务。为划清双方的责任,标的物交付的时间、地点和方法应当明确规定。如果合同中对标的物的交付时间、地点和方法未明确规定的,应按照有关合同法或国际公约的规定办理。

第二,对标的物的权利承担担保义务。与传统的买卖交易相同,卖方仍然是标的物的所有人或经营管理人,以保证将标的物的所有权或经营管理权转移给买方。卖方应保证对其所出售的标的物享有合法的权利,承担保障标的物的权利不被第三人追索的义务,以保护买方的权益。如果第三人提出对标的物有权利,并向买方提出收回该标的物时,卖方有义务证明第三人无权追索,必要时应当参加诉讼,出庭作证。

第三,对标的物的质量承担担保义务。卖方应保证标的物质量符合规定。卖方交付的标的物的质量应符合国家规定的质量标准或双方约定的质量标准,不应存在不符合质量标准的瑕疵,也不应出现与网络广告相悖的情况。卖方在网络上出售有瑕疵的物品,应当向买方说明。卖方隐瞒标的物的瑕疵,应承担责任。买方明知标的物有瑕疵而购买的,卖方对瑕疵不负责任。

(2) 买方的义务

在电子商务条件下,买方应当承担三项义务。

第一,买方应承担按照网络交易规定方式支付价款的义务。由于电子商务的特殊性,网络购买通常没有时间、地点的限制,支付价款通常采用信用卡、智能卡、电子钱包、第三方支付平台的余额等其他电子支付方式,这与传统的支付方式有所区别。但在电子交易合同中,采用哪种支付方式应明确规定。

第二,买方应承担按照合同规定的时间、地点和方式接受标的物的义务。由买方自提标的物的,买方应在卖方通知的时间到预定的地点提取。由卖方代为托运的,买方应按照承运人通知的期限提取。由卖方运送的,买方应做好接受标的物的准备,及时接受标的物。买方延迟接收时,应负迟延责任。

第三,买方应当承担对标的物验收的义务。买方接受标的物后,应及时进行验收。规定有验收期限的,对表面瑕疵应在规定的期限内提出。发现标的物的表面瑕疵时,应立即通知卖方,瑕疵由卖方负责。买方不及时进行验收,事后再提出表面瑕疵,卖方不负责任。对隐蔽瑕疵和卖方故意隐瞒的瑕疵,买方发现后,应立即通知卖方,追究卖方的责任。

7.1.2 网络交易中心的法律地位

网络交易中心在电子商务交易中扮演着介绍、促成和组织者的角色。它既不是买方也不是卖方,而是交易的中间人。它是按照法律的规定、买卖双方委托业务的范围和具体要求进行业务活动的。

网络交易中心的设立,根据《中华人民共和国计算机信息网络国际联网管理暂行规定》第八条,必须具备以下四个条件。

一是依法设立的企业法人或者事业法人。

二是具有相应的计算机信息网络、装备及相应的技术人员和管理人员。

三是具有健全的安全保密管理制度和技术保护措施。

四是法律和国务院规定的其他条件。

网络交易中心应当认真负责地执行买卖双方委托的任务,并积极协助双方当事人成交。网络交易中心在进行介绍、联系活动时要诚实、公正、守信;不得弄虚作假、招摇撞骗,否则须承担赔偿损失等法律责任。

7.2 第三方支付合同及支付中的民事法律关系

7.2.1 第三方支付合同

合同(contract),又称为契约、协议,是平等的当事人之间设立、变更、终止民事权利义务关系的协议。合同作为一种民事法律行为,是当事人协商一致的产物,是两个以上的意思表示相一致的协议。只有当事人所做出的意思表示合法,合同才具有法律约束力。依法成立的合同从成立之日起生效,具有法律约束力。

在第三方支付过程中,主要涉及以下几种合同:

① 买卖双方与银行之间的网上银行资金划拨合同,用户在银行柜台开通网银功能时签署;

② 买方和卖方之间的货物买卖合同或服务消费合同;

③ 第三方支付平台分别和买卖双方签订的支付服务合同,即网上交易参与者在支付平台注册虚拟账户或者接受第三方支付服务之前,所接受的支付服务协议;

④ 第三方支付平台与签约银行之间的金融服务合同,一般采用签署金融合作服务协议的形式。

在以上合同中,数个合同始终以交易双方的买卖合同为基础,其他合同的存立均依附于买卖合同的存立,但每个合同又都是具备其完整性和独特性的独立合同。因此应该将第三方支付过程中涉及的合同定性为合同联立,在法律适用方面各个合同应当适用各自的合同规范。

网络购物一般存在多种付款方式,如果买方在付款的时候,使用货到付款,银行卡转账等方式向卖方予以支付则不属于第三方支付。只有当买卖双方选择通过第三方支付方式支付货款时才会涉及这个合同的产生。当买方点击卖方网页上提供的"第三方支付方式"(如支付宝)付款时,该合同才可成立。买方将款项交付至第三方的专门账户中,虽然财产发生转移,但该账户中的财产所有权并不属于第三方服务商,是区别于其自有财产而独立存在的,付款成功时该合同生效。在收到货款后,第三方会通知卖方发货。一般的第三方担保交易行为会发生两种结果:一种情况是卖方按照主合同中的约定将货物发送至买方,买方确认无误后指示第三方向卖方付款,至此合同履行完毕;另一种情况是卖方没有按照主合同的约定履行义务,第三方就要将资金返还给买方,该合同也履行完毕。

第三方电子支付中的参与主体主要包括买方、卖方、第三方支付机构和银行。其中以交易双方之间的买卖合同关系为基础,买卖双方之间的法律关系成立于确认订单时,电子合同具备法律效力。交易双方就买卖达成一致,订立买卖合同,从而形成合同法的债权债务关系,双方当事人各自享有相应的合同权利,承担相应的合同义务,这是通过第三方支付平台进行的网络交易的基础法律关系。

7.2.2 第三方支付中的民事法律关系

互联网平台中第三方支付服务的参与主体主要有：买方、卖方、第三方支付机构以及与交易相关的银行。在多方参与的法律关系中，我们主要针对第三方支付机构与买卖双方之间、银行与第三方支付机构之间的法律关系进行梳理。

1. 用户与第三方支付机构的法律关系

（1）资金转移服务中的法律关系

第三方支付机构提供的资金转移服务，这个资金就是客户备付金，即支付机构为办理客户委托的支付业务而实际收到的预收待付货币资金。因此，支付机构应该是提供代为收取或支付相关款项的服务，简称"代收代付"。代收是指支付机构接受卖家委托收取买家所支付的各类款项；代付是指支付机构接受买家的委托将特定款项支付给指定卖家。

依《中华人民共和国合同法》第三百九十六条对委托合同的定义，委托合同是委托人和受托人进行约定，由受托人处理委托人某项事务的合同。在第三方支付公司提供的服务过程中，其为用户所提供的代收、代付款服务完全符合委托合同的定义，因此第三方支付公司与买方之间形成的应是以代付款为委托事务的委托合同，与卖方之间形成的是以代收为委托事务的委托合同。

当双方因交易发生纠纷时，第三方支付机构有权根据服务协议和所掌握的交易信息，自行判断并对买卖双方的争议款项归属做出决定。第三方支付机构只是负责接受用户的指令提供资金移转服务，因此提供资金转移的事实行为符合履行委托合同中对委托事务的履行。

（2）资金保管服务中的法律关系

实际交易中，从买方将货款交给第三方支付机构，到支付机构将这笔款项最终支付给卖方，中间必然存在发货、运输、验货等时间差。此外，为了网购方便，许多买家会保留金额大小不等的余额在自己的支付账户里面，由此便出现了大量资金沉淀在支付机构，由于沉淀资金规模巨大，其利息收入就成了一笔庞大的资金。利息归属一度成为法律争议的热点。

2013年6月7日，中国人民银行发布《支付机构客户备付金存管办法》明确规定：第三方支付机构不得擅自挪用客户备付金；支付机构可将计提风险准备金的备付金银行账户利息余额划转至其自有资金账户，这也是监管部门首次明确了沉淀资金的利息归支付机构支配。

值得一提的是，支付账户的余额与银行账户的余额有着根本不同。银行账户里面的钱可以按照用户的指令进行有效支配，并获得利息收入。银行账户里的钱受到存款保险制度的保护，由存款保险机构支付部分或全部存款。支付账户里钱不是存款，只是客户预付金的余额，仅代表非银行支付机构的信用，不仅没有利息收入，如出现资金挪用问题，是没有存款保险制度保护的，用户将可能面临无法挽回的损失。

（3）信用担保服务中的法律关系

具有信用担保职能的第三方支付机构在资金转移的服务过程中还扮演着保证人的角色。交易发生后，买方将货款支付给第三方支付机构，于买方而言，在未收货物或所收货物不符合买卖约定时，其可以拒绝支付机构向卖方付款，支付机构在进行情况审核如果属实时会将货款退还给买方。于卖方而言，当买方收货后于规定期限内一直没有确认收货付款，支付机构系统会将款项自动转给卖方，即当买方未按约定予以付款，支付机构有权默认交易已完成而将货款转给卖方。这种服务方式支付机构称为担保交易。

不难看出，支付宝等第三方支付机构实际上是在服务过程中通过掌握资金的临时控制权来实现对买卖双方的担保。《中华人民共和国担保法》规定的5种不同担保形式：保证、抵押、质押、定金、留置。其中留置是法定担保方式，即债权人依照法律规定行使留置权，无须当事人之间约定，其他4种担保方式需由当事人之间约定，是协议的担保方式。

《中华人民共和国担保法》第六条规定："保证，是指保证人和债权人约定，当债务人不履行债务时，保证人按照约定履行债务或者承担责任的行为。"保证是一种双方的法律行为；保证是担保他人履行债务的行为；保证是债务履行责任的行为。

第三方支付机构提供的担保服务应属于第一种：保证担保。一方面支付宝公司以其独立性、安全性等信誉为双方提供保证担保，另一方面依私法自治原则，无论是保证的方式、保证的范围都可以由当事人约定。在《支付宝担保支付服务协议》关于担保服务的说明是："支付宝与用户就担保支付的使用等事项所订立的有效合约。在首次完成'担保支付'服务付款后，即表示您接受了本协议。"因此，当买卖双方通过注册并使用支付宝，便应看作其与支付宝公司已经就保证担保的方式、范围达成了一致。

所以从保证的法律关系看，第三方支付机构、卖方、买方三方面当事人，即保证人、债权人和债务人，是由三个法律关系复合而成的担保关系。

2. 第三方支付机构与网上银行的法律关系

在我国第三方支付机构为非金融机构，因此不能够从事支付结算及资金存贷的业务，而只是为用户提供便捷的资金移转通道。第三方支付机构与各大商业银行签约，就自身与商业银行的网关接入达成协定，从而实现平台用户可以通过网站相关链接将其银行账户或者虚拟账户中的资金进行转移。同时，第三方支付机构备付金存放在商业银行，由商业银行进行备付金存管，因此，两者形成了服务合同关系。

第三方支付机构作为独立的法人组织，依照法律之规定，为买卖双方提供资金转移服务，它具有自己独特的业务领域，即为客户收付货款并承担保管和部分保证担保的责任。在这一过程中，货款从买方的开户银行移转至第三方支付机构的银行账户，交易成功后再从第三方支付机构的银行账户转移给卖方账户。整个过程中第三方支付机构依照银行端口的指令从事资金转移服务。在中央银行2005年颁布的《电子支付指引》中，也明确规定了第三方支付机构为银行业务的外包机构，应根据银行的委托来承担资金转移服务，因此第三方支付机构与买方银行和卖方银行就发出及接受资金转移指令形成相应的服务合同关系。

7.3 电子商务消费者信息隐私安全

7.3.1 隐私权及信息隐私权

1. 隐私权及信息隐私权的相关概念

隐私权作为一种基本人格权力,是指自然人享有的私人生活安宁与私人信息秘密依法受到保护,不被他人非法侵扰、知悉、收集、利用和公开的一种人格权利。而且权利主体对他人在何种程度上可以介入自己的私生活,对自己是否向他人公开隐私及公开的范围和程度等具有决定权。

随着社会的发展和社会观念的变化,隐私权的内涵和外延不断扩展。在信息时代和大数据时代,隐私主要是以数据形式体现,对隐私的保护也转向以数据保护为重心。而以数据为表现载体的隐私中,随着大数据的不断发展,具有越来越大的商业利用价值。信息隐私权主要是指信息主体对其个体信息所享有的控制支配权。根据这种权利,在没有通知信息主体并获得其同意的前提下,信息的持有人不得把当时为特定目的所提供的数据用在其他目的之上。该权利来源于,信息主体不仅是个体数据产生的原始来源,也是个体数据完整性、准确性的最后审查者,也是个体数据修改的最终决定者,还是个体数据使用方式、范围的最终决定者。

电子商务消费者信息隐私权的主体应指电子商务消费者,不仅包括自然人,也包括法人。电子商务消费者信息隐私权的客体包括两类:第一类是电子商务消费者作为信息主体为了达成交易,提供给互联网企业的个体信息;第二类是电子商务消费者作为信息主体在交易过程中,被互联网企业记录下来的个体信息。这两类个体信息存在以下区别:第一,从主动、被动的角度讲,前者是电子商务消费者主动提供给互联网企业的,后者是电子商务消费者在交易的过程中,由互联网企业主动收集的,从消费者的角度讲是被动的;第二,从提供或收集的目的和功能看,前者是电子商务消费者为了能够从事互联网交易,是从事互联网交易的前提条件,后者是互联网企业为了分析互联网交易的特点,并进一步改善其互联网产品和服务。

随着商业价值的不断提高,更强调电子商务消费者作为信息主体所提供的所有个体信息,这种个体信息已经不需要信息主体是否不愿为他人所知作为重要的判断标准之一,而是只要信息主体提供了个体信息,这种信息就要作为电子商务消费者信息隐私权的保护对象。换言之,一项个体信息是否构成信息隐私权的保护对象,已无须通过第三方用通常理性人的标准去判断该项个体信息是否不愿为他人所知。因为在大金融、大数据时代,个体信息本身具有极强的商业价值,个体信息本身就是信息商品。既然个体信息是种商品,而这种商品的权利人只能是信息主体自己,其只不过是由于信息主体为了参与互联网交易,必须提供给互联网企业的前提条件。而互联网企业作为个体信息的知悉者,除了依据法律或与信息主体的约定,不得用作他用。

2. 信息隐私权的权利内容

电子商务消费者信息隐私权的权利内容通常包括以下几项。

（1）个体信息隐私的提供权

电子商务消费者按照自己的意志将其个体信息提供或不提供给互联网企业的权利，从事或不从事某种与社会公共利益无关或无害的活动，不受他人干预、破坏或支配。

（2）个体信息隐私的保密权

电子商务消费者提供给互联网企业或被互联网企业记录下来的个体信息，诸如身份信息、民族、种族、国籍、爱好、信仰、社会关系、金融账号、网络账户、通信方式、家庭住址、家庭成员、工作单位、收入状况、健康状况、教育状况、财产状况、交易状况、资金往来、电子邮件、交易记录、交易习惯、行动轨迹等。电子商务消费者有权要求互联网企业予以保密，有权禁止互联网企业向他人提供，有权禁止他人从互联网企业非法窃取等。

（3）个体信息隐私的利用权

电子商务消费者有权依法按照自己的意志使用个体信息，有权决定个体信息是否被互联网企业自身用于其从事特定互联网交易之外的目的，是否同意互联网企业将其个体信息授权他人使用，以及如何使用其个体信息和是否从商业使用中获益。在使用的过程中，电子商务消费者应保证个体信息的客观真实性，并有权要求使用者按照客观、善意等标准进行使用。

（4）个体信息隐私的修改权

只有电子商务消费者自己，或经过电子商务消费者同意，互联网企业才能修改其个体信息。

（5）个体信息隐私的完整权

电子商务消费者有权要求互联网企业保证其所提供个体信息的完整性，并有权决定互联网企业使用其个体信息的范围，即完整使用还是部分使用。

（6）个体信息隐私的通知权

电子商务消费者的个体信息被互联网企业修改时，或者被互联网企业利用时，应及时通知电子商务消费者。

3. 信息隐私的分类

依据信息隐私被获取的方式可以分为主动型信息隐私和被动型信息隐私。主动型信息隐私是指电子商务消费者为了从事交易或达成交易主动提供给互联网企业的信息隐私，具有较强的静态性；被动型信息隐私是指电子商务消费者从事交易的过程中被互联网企业搜集的信息隐私，具有较强的动态性。

（1）主动型信息隐私

每一个电子商务消费者都需要在互联网企业的网站上注册，才能进行后续的交易或服务。注册过程实际上就是按照互联网企业的要求提供信息隐私的过程。由于交易内容不同，消费者所要提供的信息隐私内容不尽相同。一般来说，主动型信息隐私包括：姓名、性别、年龄或出生日期、婚姻状况、教育程度、证件类别、证件号码、手机号码、住址、电子邮箱、注册账号、注册密码、银行卡号、工作单位、任职部门、具体职位、所属行业、单位性质、工作年限、年收入等。有些网站甚至要求提供更为详细的信息。

(2) 被动型信息隐私

每一个消费者注册之后,其在互联网企业的网站上所进行的所有行为或不行为都有可能成为企业主动采集的信息隐私数据。由于交易内容的不同,不同的互联网企业所能收集的信息隐私数据不尽相同。即使是同一类交易,不同的企业由于其各自的需求和数据收集能力等不同,其所搜集的信息隐私数据也不相同。通常情况下,电子商务消费者被收集的隐私信息包括:注册时间、访问时间、访问的 IP 地址、访问页面的 URL、访问次数、访问深度、访问的总时长、访问路径、搜索关键词、搜索的内容、页面停留时长、交易需求、交易内容、交易方式、交易次数、交易金额、交易成功量、退货次数、提问内容、跳出次数、交易对象、转账金额、转账次数、红包记录等。移动电商兴起之后,消费者的位置、行动轨迹、常去地点等也会被收集。

7.3.2 现有的法律、法规对信息隐私权的保护

现阶段,我国对个人信息隐私的保护主要有两种途径。第一种是通过法律、法规、规章、司法解释、政策等对个人信息、隐私进行保护,该种保护又可分为直接保护和间接保护。所谓直接保护是通过法律、法规、规章、司法解释、政策等明确提出对个人信息、隐私进行保护;所谓间接保护是通过法规、规章、司法解释对人格尊严、个人隐私、个人秘密等与个人信息、隐私相关的法律范畴进行保护进而迂回对个人信息隐私进行保护。第二种是个人信息隐私主体与信息持有人之间的协议或信息持有人及其行业协会的承诺、行业规则等进行保护。

法律层面对信息隐私权的保护。

1. 2014 年 3 月 15 日起实施的《中华人民共和国消费者权益保护法》分别在第十四条、第二十九条、第五十条和第五十六条中做了明确规定。

第十四条 消费者在购买、使用商品和接受服务时,享有人格尊严、民族风俗习惯得到尊重的权利,享有个人信息依法得到保护的权利。

第二十九条 经营者收集、使用消费者个人信息,应当遵循合法、正当、必要的原则,明示收集、使用信息的目的、方式和范围,并经消费者同意。经营者收集、使用消费者个人信息,应当公开其收集、使用规则,不得违反法律、法规的规定和双方的约定收集、使用信息。

经营者及其工作人员对收集的消费者个人信息必须严格保密,不得泄露、出售或者非法向他人提供。经营者应当采取技术措施和其他必要措施确保信息安全,防止消费者个人信息泄露、丢失。在发生或者可能发生信息泄露、丢失的情况时,应当立即采取补救措施。

第五十条 经营者侵害消费者的人格尊严、侵犯消费者人身自由或者侵害消费者个人信息依法得到保护的权利的,应当停止侵害、恢复名誉、消除影响、赔礼道歉,并赔偿损失。经营者有前款规定情形的,除承担相应的民事责任外,其他有关法律法规对处罚机关和处罚方式有规定的,依照法律法规的规定执行;法律法规未做规定的,由工商行政管理

部门或者其他有关行政部门责令整改,可以根据情节单处或并处警告、没收违法所得,处以违法所得一倍以上十倍以下的罚款,没有违法所得的,处以五十万元以下的罚款;情节严重的,责令停业整顿、吊销营业执照;……经营者有前款规定情形的,除依照法律法规规定予以处罚外,处罚机关应当计入信用档案,向社会公布。

2. 2012年12月28日通过的《全国人民代表大会常务委员会关于加强网络信息保护的决定》为了保护网络信息安全,保障公民、法人和其他组织的合法权益,维护国家安全和社会公共利益,特做如下决定。

一、国家保护能够识别公民个人身份和涉及公民个人隐私的电子信息。

任何组织和个人不得窃取或者以其他非法方式获取公民个人电子信息,不得出售或者非法向他人提供公民个人电子信息。

二、网络服务提供者和其他企业事业单位在业务活动中收集、使用公民个人电子信息,应当遵循合法、正当、必要的原则,明示收集、使用信息的目的、方式和范围,并经被收集者同意,不得违反法律、法规的规定和双方的约定收集、使用信息。

网络服务提供者和其他企业事业单位收集、使用公民个人电子信息,应当公开其收集、使用规则。

三、网络服务提供者和其他企业事业单位及其工作人员对在业务活动中收集的公民个人电子信息必须严格保密,不得泄露、篡改、毁损,不得出售或者非法向他人提供。

四、网络服务提供者和其他企业事业单位应当采取技术措施和其他必要措施,确保信息安全,防止在业务活动中收集的公民个人电子信息泄露、毁损、丢失。在发生或者可能发生信息泄露、毁损、丢失的情况时,应当立即采取补救措施。

五、网络服务提供者应当加强对其用户发布的信息的管理,发现法律、法规禁止发布或者传输的信息的,应当立即停止传输该信息,采取消除等处置措施,保存有关记录,并向有关主管部门报告。

六、网络服务提供者为用户办理网站接入服务,办理固定电话、移动电话等入网手续,或者为用户提供信息发布服务,应当在与用户签订协议或者确认提供服务时,要求用户提供真实身份信息。

七、任何组织和个人未经电子信息接收者同意或者请求,或者电子信息接收者明确表示拒绝的,不得向其固定电话、移动电话或者个人电子邮箱发送商业性电子信息。

八、公民发现泄露个人身份、散布个人隐私等侵害其合法权益的网络信息,或者受到商业性电子信息侵扰的,有权要求网络服务提供者删除有关信息或者采取其他必要措施予以制止。

九、任何组织和个人对窃取或者以其他非法方式获取、出售或者非法向他人提供公民个人电子信息的违法犯罪行为以及其他网络信息违法犯罪行为,有权向有关主管部门举报、控告;接到举报、控告的部门应当依法及时处理。被侵权人可以依法提起诉讼。

十、有关主管部门应当在各自职权范围内依法履行职责,采取技术措施和其他必要措施,防范、制止和查处窃取或者以其他非法方式获取、出售或者非法向他人提供公民个人电子信息的违法犯罪行为以及其他网络信息违法犯罪行为。有关主管部门依法履行职责时,网络服务提供者应当予以配合,提供技术支持。

国家机关及其工作人员对在履行职责中知悉的公民个人电子信息应当予以保密,不得泄露、篡改、毁损,不得出售或者非法向他人提供。

十一、对有违反本决定行为的,依法给予警告、罚款、没收违法所得、吊销许可证或者取消备案、关闭网站、禁止有关责任人员从事网络服务业务等处罚,记入社会信用档案并予以公布;构成违反治安管理行为的,依法给予治安管理处罚。构成犯罪的,依法追究刑事责任。侵害他人民事权益的,依法承担民事责任。

十二、本决定自公布之日起施行。

3. 2009 年 2 月 28 日起实施的《中华人民共和国刑法修正案(七)》

第七条 在刑法第二百五十三条后增加一条,作为第二百五十三条之一:"国家机关或者金融、电信、交通、教育、医疗等单位的工作人员,违反国家规定,将本单位在履行职责或者提供服务过程中获得的公民个人信息,出售或者非法提供给他人,情节严重的,处三年以下有期徒刑或者拘役,并处或者单处罚金。

窃取或者以其他方法非法获取上述信息,情节严重的,依照前款的规定处罚。

单位犯前两款罪的,对单位判处罚金,并对其直接负责的主管人员和其他直接责任人员,依照各该款的规定处罚。"

4. 2003 年 1 月 1 日起修订实施的《中华人民共和国保险法》

第三十二条 保险人或者再保险接收人对在办理保险业务中知道的投保人、被保险人、受益人或者再保险分出人的业务和财产情况及个人隐私,负有保密义务。

法规层面对信息隐私权的保护:

1. 2014 年 3 月 15 日起施行的《网络交易管理办法》

为规范网络商品交易及有关服务行为,保护消费者和经营者的合法权益,促进网络经济持续健康发展,依据《合同法》《侵权责任法》《消费者权益保护法》《产品质量法》《反不正当竞争法》《商标法》《广告法》《食品安全法》和《电子签名法》等法律、法规制定本办法,并经国家工商行政管理总局局务会审议通过,于 2014 年 1 月 26 日以国家工商行政管理总局令第 60 号文件发布,自 2014 年 3 月 15 日起施行。

第十八条 网络商品经营者、有关服务经营者在经营活动中收集、使用消费者或者经营者信息,应当遵循合法、正当、必要的原则,明示收集、使用信息的目的、方式和范围,并经被收集者同意。

网络商品经营者、有关服务经营者收集、使用消费者或者经营者信息,应当公开其收集、使用规则,不得违反法律、法规的规定和双方的约定收集、使用信息。

网络商品经营者、有关服务经营者及其工作人员对收集的消费者个人信息或者经营者商业秘密的数据信息必须严格保密,不得泄露、出售或者非法向他人提供。网络商品经营者、有关服务经营者应当采取技术措施和其他必要措施,确保信息安全,防止信息泄露、丢失。在发生或者可能发生信息泄露、丢失的情况时,应当立即采取补救措施。网络商品经营者、有关服务经营者未经消费者同意或者请求,或者消费者明确表示拒绝的,不得向其发送商业性电子信息。

2. 2014年1月1日起施行的《消费金融公司试点管理办法》

第三十二条 消费金融公司对借款人所提供的个人信息负有保密义务,不得随意对外泄露。

3. 2013年9月1日起施行的《电信和互联网用户个人信息保护规定》

《电信和互联网用户个人信息保护规定》是为了保护电信和互联网用户的合法权益,维护网络信息安全而制定的法规,2013年6月28日,中华人民共和国工业和信息化部第2次部务会议审议通过,2013年7月16日中华人民共和国工业和信息化部令第24号公布,自2013年9月1日起施行。

第四条 本规定所称用户个人信息,是指电信业务经营者和互联网信息服务提供者在提供服务的过程中收集的用户姓名、出生日期、身份证件号码、住址、电话号码、账号和密码等能够单独或者与其他信息结合识别用户的信息以及用户使用服务的时间、地点等信息。

第五条 电信业务经营者、互联网信息服务提供者在提供服务的过程中收集、使用用户个人信息,应当遵循合法、正当、必要的原则。

第六条 电信业务经营者、互联网信息服务提供者对其在提供服务过程中收集、使用的用户个人信息的安全负责。

第七条 国家鼓励电信和互联网行业开展用户个人信息保护自律工作。

第八条 电信业务经营者、互联网信息服务提供者应当制定用户个人信息收集、使用规则,并在其经营或者服务场所、网站等予以公布。

第九条 未经用户同意,电信业务经营者、互联网信息服务提供者不得收集、使用用户个人信息。

电信业务经营者、互联网信息服务提供者收集、使用用户个人信息的,应当明确告知用户收集、使用信息的目的、方式和范围,查询、更正信息的渠道以及拒绝提供信息的后果等事项。

电信业务经营者、互联网信息服务提供者不得收集其提供服务所必需以外的用户个人信息或者将信息用于提供服务之外的目的,不得以欺骗、误导或者强迫等方式或者违反法律、行政法规以及双方的约定收集、使用信息。

电信业务经营者、互联网信息服务提供者在用户终止使用电信服务或者互联网信息服务后,应当停止对用户个人信息的收集和使用,并为用户提供注销号码或者账号的服务。

法律、行政法规对本条第一款至第四款规定的情形另有规定的,从其规定。

第十条 电信业务经营者、互联网信息服务提供者及其工作人员对在提供服务过程中收集、使用的用户个人信息应当严格保密,不得泄露、篡改或者毁损,不得出售或者非法向他人提供。

第十一条 电信业务经营者、互联网信息服务提供者委托他人代理市场销售和技术服务等直接面向用户的服务性工作,涉及收集、使用用户个人信息的,应当对代理人的用户个人信息保护工作进行监督和管理,不得委托不符合本规定有关用户个人信息保护要求的代理人代办相关服务。

第十二条　电信业务经营者、互联网信息服务提供者应当建立用户投诉处理机制，公布有效的联系方式，接受与用户个人信息保护有关的投诉，并自接到投诉之日起十五日内答复投诉人。

第十三条　电信业务经营者、互联网信息服务提供者应当采取以下措施防止用户个人信息泄露、毁损、篡改或者丢失：（一）确定各部门、岗位和分支机构的用户个人信息安全管理责任；（二）建立用户个人信息收集、使用及其相关活动的工作流程和安全管理制度；（三）对工作人员及代理人实行权限管理，对批量导出、复制、销毁信息实行审查，并采取防泄密措施；（四）妥善保管记录用户个人信息的纸介质、光介质、电磁介质等载体，并采取相应的安全储存措施；（五）对储存用户个人信息的信息系统实行接入审查，并采取防入侵、防病毒等措施；（六）记录对用户个人信息进行操作的人员、时间、地点、事项等信息；（七）按照电信管理机构的规定开展通信网络安全防护工作；（八）电信管理机构规定的其他必要措施。

第十四条　电信业务经营者、互联网信息服务提供者保管的用户个人信息发生或者可能发生泄露、毁损、丢失的，应当立即采取补救措施；造成或者可能造成严重后果的，应当立即向准予其许可或者备案的电信管理机构报告，配合相关部门进行的调查处理。

电信管理机构应当对报告或者发现的可能违反本规定的行为的影响进行评估；影响特别重大的，相关省、自治区、直辖市通信管理局应当向工业和信息化部报告。电信管理机构在依据本规定做出处理决定前，可以要求电信业务经营者和互联网信息服务提供者暂停有关行为，电信业务经营者和互联网信息服务提供者应当执行。

第十五条　电信业务经营者、互联网信息服务提供者应当对其工作人员进行用户个人信息保护相关知识、技能和安全责任培训。

第十六条　电信业务经营者、互联网信息服务提供者应当对用户个人信息保护情况每年至少进行一次自查，记录自查情况，及时消除自查中发现的安全隐患。

4. 2013年3月15日起施行的《征信业管理条例》

《征信业管理条例》是为规范征信活动，保护当事人合法权益，引导、促进征信业健康发展，推进社会信用体系建设制定，由中华人民共和国国务院于2013年1月21日发布，自2013年3月15日起施行。

第十三条

采集个人信息应当经信息主体本人同意，未经本人同意不得采集。但是，依照法律、行政法规规定公开的信息除外。

企业的董事、监事、高级管理人员与其履行职务相关的信息，不作为个人信息。

第十四条

禁止征信机构采集个人的宗教信仰、基因、指纹、血型、疾病和病史信息以及法律、行政法规规定禁止采集的其他个人信息。

征信机构不得采集个人的收入、存款、有价证券、商业保险、不动产的信息和纳税数额信息。但是，征信机构明确告知信息主体提供该信息可能产生的不利后果，并取得其书面同意的除外。

第十五条

信息提供者向征信机构提供个人不良信息,应当事先告知信息主体本人。但是,依照法律、行政法规规定公开的不良信息除外。

第十六条

征信机构对个人不良信息的保存期限,自不良行为或者事件终止之日起为5年;超过5年的,应当予以删除。

在不良信息保存期限内,信息主体可以对不良信息做出说明,征信机构应当予以记载。

第十七条

信息主体可以向征信机构查询自身信息。个人信息主体有权每年两次免费获取本人的信用报告。

第十八条

向征信机构查询个人信息的,应当取得信息主体本人的书面同意并约定用途。但是,法律规定可以不经同意查询的除外。

征信机构不得违反前款规定提供个人信息。

第十九条

征信机构或者信息提供者、信息使用者采用格式合同条款取得个人信息主体同意的,应当在合同中做出足以引起信息主体注意的提示,并按照信息主体的要求做出明确说明。

第二十条

信息使用者应当按照与个人信息主体约定的用途使用个人信息,不得用作约定以外的用途,不得未经个人信息主体同意向第三方提供。

第二十一条

征信机构可以通过信息主体、企业交易对方、行业协会提供信息,政府有关部门依法已公开的信息,人民法院依法公布的判决、裁定等渠道,采集企业信息。

征信机构不得采集法律、行政法规禁止采集的企业信息。

第二十二条

征信机构应当按照国务院征信业监督管理部门的规定,建立健全和严格执行保障信息安全的规章制度,并采取有效技术措施保障信息安全。

经营个人征信业务的征信机构应当对其工作人员查询个人信息的权限和程序做出明确规定,对工作人员查询个人信息的情况进行登记,如实记载查询工作人员的姓名,查询的时间、内容及用途。工作人员不得违反规定的权限和程序查询信息,不得泄露工作中获取的信息。

5. 2012年3月15日起施行的《规范互联网信息服务市场秩序若干规定》

《规范互联网信息服务市场秩序若干规定》经2011年12月7日中华人民共和国工业和信息化部第22次部务会议审议通过,2011年12月29日中华人民共和国工业和信息化部令第20号公布。该《规定》共21条,自2012年3月15日起施行。

第十一条　未经用户同意,互联网信息服务提供者不得收集与用户相关、能够单独或者与其他信息结合识别用户的信息(以下简称"用户个人信息"),不得将用户个人信息提供给他人,但是法律、行政法规另有规定的除外。

互联网信息服务提供者经用户同意收集用户个人信息的,应当明确告知用户收集和处理用户个人信息的方式、内容和用途,不得收集其提供服务所必须以外的信息,不得将用户个人信息用于其提供服务之外的目的。

第十二条 互联网信息服务提供者应当妥善保管用户个人信息;保管的用户个人信息泄露或者可能泄露时,应当立即采取补救措施;造成或者可能造成严重后果的,应当立即向准予其互联网信息服务许可或者备案的电信管理机构报告,并配合相关部门进行的调查处理。

7.4 电子商务支付前后消费者权益保护存在的相关问题

电子商务在带给我们便捷、丰富的消费商品和服务的同时,传统交易所产生的纠纷及风险并没有随着高科技的发展而消失,相反网络的虚拟性、流动性、隐匿性及无国界性对交易安全及消费者权益的保护提出了更多的挑战,引发不少的问题,增加了消费者遭受损害的机会。电子商务中消费者权益保护方面存在如下诸多方面的问题。

1. 消费者的知情权问题

知情权是消费者的一项基本权利。我国《消费者权益保护法》第八条规定:"消费者享有知悉其购买、使用的商品或者接受的服务的真实情况的权利。消费者有权根据商品或服务的不同情况,要求经营者提供商品的价格、产地、生产者、用途、性能、规格登记、主要成分、生产日期、有效日期、检验合格证明、使用方法说明、售后服务的内容、规格、费用等有关情况"。但是,消费者知情权的实现是与传统交易方式中的一系列环节相配套的。在传统的交易方式中,消费者可以直接面对经营者,充分了解经营者的服务和商品的功效,而在电子商务中,除了送货之外,消费者和经营者并不见面,通过网上宣传了解商品信息,网络订货,电子结算,由配送机构送货上门。在这种情况下,就产生了消费者看不到商品,无法掌握商品真实可靠信息的问题。

2. 交易安全问题

保障安全权是我国《消费者权益保护法》规定的消费者所享有的最基本的权利。在电子商务时代,交易安全问题又是电子商务中的基础问题。电子商务是建立在互联网上的虚拟空间的商务活动,交易的当事人可能处在不同的地区,只是通过电子货币或网上银行来进行交易,也就给一些网络黑客通过入侵系统、修改消费者的账户、盗走账上资金提供了可乘之机。在电子商务中,由于传统商务方法已经无法保障交易安全,使越来越多的消费者对这种新型的交易方式产生了怀疑。根据 TRUSTE 调查,在美国,隐私权保护或网络安全已经成为电子商务发展最大的挑战,68%的受调查对象认为只有在隐私权保护得到有效保证的前提下才会从事网络交易;在没有从事网络交易的互联网使用者中,63%的人最担心的是个人信息安全;而在网络消费者中,41%的人最关心的是个人信息的使用情况。在我国的网络浏览者中,有45%的潜在消费者由于担心个人隐私和交易安全得不到有效保障而放弃了网上购物。

3. 消费者隐私权保护问题

网上隐私权是指公民在网上享有的私人生活安宁与私人信息依法受到保护,不被他人非法侵犯、知悉、收集、利用和公开的一种人格权,也指禁止在网上泄露某些个人信息,包括事实、图像等。传统消费活动中,消费者无须披露个人信息,经营者也不便整理利用有限的信息,因而隐私权保护不属于消费者权益保护中的突出问题。但在网络环境下,在经营者预先设置的表格中填上个人信息是申请电子邮件、购买商品、访问一些专业网站等许多网络活动的前提条件。追求商业利益最大化的网络经营者往往利用计算机惊人的整理和分类信息的能力,对消费者的个人信息资料进行收集整理并应用于其他以营利为目的经营活动中,从而使消费者在不知情的情况下使自己的身份、家庭情况、兴趣爱好、信用状况、医疗记录、职业记录、上网习惯、网络活动踪迹等个人信息暴露于外人,侵犯了消费者对其个人隐私享有的隐瞒、支配、维护、利用权。

4. 消费者退换货问题

消费者能否退换货涉及其与经营者之间权利义务的平衡问题。一方面让消费者享有在一定期限内的商品退换货保证,既是经营者的一种销售手段,也是消费者应有的权利。然而,在电子商务环境下,由于网络交易的特殊性,消费者没有机会检验商品,从而做出错误购买决定的可能性较大。另一方面经营者的权益也可能受到消费者退换货的影响。《消费者权益保护法》及相关法律法规所规定的消费者退换货的权利在数字化商品面前就遭遇了尴尬。数字化商品一般包括音乐CD、影视DVD、软件、电子书籍等,这些都是通过线上传递的方式交易,并且消费者在购买这些数字化商品前,大多有浏览其内容或使用试用版本的机会。但是,若根据传统的消费者保护原则,消费者在通过上述的方式购买了数字化商品后,又提出退货的要求,则很可能产生对商家不公平的情形。因为商家无法判断消费者在退还商品之前,是否已经保留了复制品,而消费者保存复制品的可能性又非常大。此外,与电子商务中消费者退换货的权利相关的问题还很多。例如,在商品送货上门后,相应的配送费用应由谁来承担;如果是因为网上的商品信息不够充分,致使消费者在收到货物后发现与所宣传的不符合或存在没有揭示过的新特点,能否视为欺诈或假冒伪劣等而适用双倍返还价款的处罚;如果由于商品本身的特性导致一些无法通过网络认识,消费者购买或使用后才发现,双方又无退换货的约定和法律法规依据,消费者能否提出退货的要求,是否会被视为违约等。因此,传统的《消费者权益保护法》中关于退换货的规定,在电子商务中是一个需要重新审视的问题。

5. 格式条款的效率问题

网上购物过程中,网站一般都订有格式条款,其内容由商家事先制定,给消费者提供的只是"同意或不同意"的按钮。这些格式条款,由于内容早已确定,没有合同另一方的意思表示。常见的对消费者不公平的格式条款主要有以下几种类型:① 经营者减轻或免除自己的责任;② 加重消费者的责任;③ 规定消费者在所购买的商品存在瑕疵时,只能要求更换,不得解除合同或减少价款,也不得要求赔偿损失;④ 规定因系统故障、第三人行为(如网络黑客)等因素产生的风险由消费者负担;⑤ 经营者约定有利于自己的纠纷解决方式等。总之,这些格式条款的使用剥夺或限制了消费者的合同自由,消费者面对"霸王条款",因为不了解相关知识,无暇细看或者即使发现问题也无法修改格式条款等情形,面临不利的境地。

另外,一些经营者采用强制链接、浏览等方式导致消费者选择权受损。经营者为了开展业务,往往与多个网站建立友好链接,这本来是为消费者提供的方便之举,但是一些不法经营者却将这种友好链接设定为强制链接,消费者只要浏览其中一个网站,就必须进入其他相关网站浏览。

6. 管辖权问题

根据《中华人民共和国民事诉讼法》的有关规定,因侵权行为提起的诉讼,由侵权行为地(包括侵权行为发生地和侵权行为结果地)或者被告住所所在地人民法院管辖。在传统交易模式中,依据现有法律确定侵权行为的管辖法院是比较容易的。然而,电子商务是以互联网为运行平台进行商务活动,而互联网的无国界性打破了主权疆界的界限,并动摇了在传统的有形世界,地域主权基础上形成的司法管辖基础。虚拟的网络空间中地理界限消失,很难判断网上活动发生的具体地点和确切范围,而将其对应到某一特定的司法管辖区域就更加困难。某一次具体的网上活动可能是多方的,活动者分别处于不同管辖区域或国家内,这种随机性和全球性使几乎每次网上活动都是跨区域或国家的,从而造成国内或国际司法管辖权的冲突。而消费者合法权益问题可能受到立法差异、管辖权限制和地方保护主义等多方面的阻碍。

7. 损害责任的承担问题

电子商务的完成需要多个主体的参与,任何一个供销链出现问题,都会损害消费者的合法权益。如果货物受损时,各方互相推诿,必然会使消费者陷入困境,此外,无论是网上银行、网上购物、网上炒股还是网上服务,安全性、准确性和及时性很重要。尤其在我国电子商务发展的初期,在交易安全性与准确性方面发生问题是不可避免的。在网络运营过程中会经常遇到一些障碍,这些障碍或来自于技术操作方面或来自互联网上的病毒,或其他不可预测又一时无法排除的原因,导致电子商务中的交易中止,从而给消费者带来损失。不管错误原因是来自黑客袭击还是系统失误,责任终归是要有人来承担的,那么应该是商家承担风险,还是顾客自认倒霉? 这一问题始终是人们关注的焦点,而相关法律法规对于电子商务中这一责任的承担还有待进一步明确。

8. 人身安全问题

消费者的人身安全权,就是指消费者在网上所购买的物品不会对自己的生命和健康构成威胁。现在网络商店所提供的商品种类越来越多样化,消费者所选购的范围也越来越广,这就要求网络商品的提供者对产品的安全性有足够的质量保障。与传统的消费者一样,从网上购买产品的消费者也有获得质量合格产品的权利。质量不合格的产品也许就会给消费者的人身带来损害,如从网上购买的食品过期或变质,就很可能伤害消费者的人身健康;网上购买的家用电器缺乏安全保障,一旦出事也会给消费者带来人身伤害。给消费者的生命和健康带来损害,就是侵犯了消费的安全权,违反了我国《消费者权益保护法》和《民法通则》的相关规定,会令消费者丧失对网上购物的信心。

9. 财产安全问题

消费者的财产安全权，指消费者的财产不受侵害的权利。通过网络银行支付货款对消费者的财产安全权有一定的威胁。由于互联网本身是个开放的系统，而网络银行的经营实际上是将资金流动变为网上信息的传递，这些在开放系统上传递的信息很容易成为众多网络"黑客"的攻击目标。目前大多数消费者不敢通过网络上传自己的信用卡账号等关键信息也是基于这个原因，就是担心自己的财产受到侵害，这同时也严重制约了网络银行的业务发展。我国网络商场采取的支付手段还是邮寄或当面交易，在传统支付法律体系下，电子支付交易安全就无法保障。以法律来保障消费者进行电子支付过程中的财产权，在我国目前尚有困难，只能从技术来保证消费者信用卡的密码不会被泄露。如果网络银行达不到规定的要求，就要承担赔偿责任。

10. 消费者的索赔权问题

前文讲到了消费者享有的种种权利，当这些法定的权利被侵犯时，会在此基础上派生出索赔权，又称损害赔偿权或求偿权，即法律赋予消费者利益受损时享有的一种救济权。

由于网络媒体不受时间和地域限制，其传输信息的速度非常快，涉及面广，有关部门要对其进行有效监管难度非常大。当侵权行为发生后，消费者往往因为无法得知经营者的真实身份或经营者处于异地导致过高的诉讼成本以及举证困难、法律适用不正确等原因而放弃索赔权。因此，当网上消费纠纷产生后，有关部门在处理时要坚持举证责任倒置的原则，即由经营者承担举证责任。为了减轻消费者的负担，降低投诉成本，可以考虑建立一个统一的全国性网上投诉中心和全国联网的"经济户口"数据库。这样，当消费者因自己的合法权益遭到侵犯时，可以通过网络快速、经济地向主管部门投诉。主管部门在接到投诉后，应及时进行调查取证，在适当的期限内进行处理，并将处理的结果反馈给消费者，从而达到维护消费者合法权益目的。

本章思考题

1. 我国现行的涉及电子商务交易安全的法律法规有哪些？
2. 简述电子商务交易中买卖双方之间的法律关系。

参考文献

[1] 马梅,朱晓明,周金黄,等.支付革命:互联网时代的第三方支付[M].北京:中信出版社,2014.

[2] 周虹.电子支付与网络银行.3版.北京:中国人民大学出版社,2016.

[3] 胡娟.第三方支付技术与监管[M].北京:北京邮电大学出版社,2016.

[4] Stallings W.《网络安全基础:应用与标准》[M].5版.白国强,等译.北京:清华大学出版社,2015.

[5] 郝丽萍,刘磊.电子商务安全与支付.2版.北京:中国水利水电出版社,2016.

[6] 冯登国,赵险峰.信息安全技术概论.北京:电子工业出版社,2009.

[7] 熊平.信息安全原理及应用.2版.北京:清华大学出版社,2012.

[8] 付忠勇,赵振洲,乔明秋.计算机网络安全教程.北京:清华大学出版社,2017.

[9] 中国人民银行.中国支付体系发展报告(2016)[EB/OL].(2017-05)http://www.pbc.gov.cn/zhifujiesuansi/128525/128545/128646/3343451/index.html.

[10] 曹红辉,李汉.中国第三方支付行业发展蓝皮书[M].北京:中国金融出版社,2012.

[11] 赵懿,电子账户弱实名问题和解决路径——解构实名认证原理视角[J].商业银行,2014(9):46.

[12] 高晶.账户实名制在第三方支付中的落实[J].金融经济,2014(12):72-73.

[13] 李秋慧.网络第三方支付法律风险及监管[D].上海:华东政法大学,2014.

[14] 刘红林.互联网平台第三方支付民事法律关系研究[D].上海:华东政法大学,2014.

[15] 唐琼琼.第三方支付中的消费者权益保护问题研究[J].河北法学,2015(4):115.

[16] 刘建刚,董琳.互联网金融消费者权益保护法律实务[M].北京:中国财富出版社,2016.

[17] 胡娟.第三方支付与银行竞合关系研究[J].北京政法职业学院学报,2016(2):111-113.

[18] 胡娟.互联网第三方支付账户风险管理和监管策略初探[J].北京政法职业学院学报,2015(4):108-110.